D1683726

ZUHAUSE am *Bodensee*

WOHNEN + LEBEN + GENIESSEN

ZUHAUSE am Bodensee

WOHNEN + LEBEN + GENIESSEN

Herausgeberin Marion Hellweg

Fotograf Winfried Heinze

Autorin Iris Kubik

emons:

WOHNEN

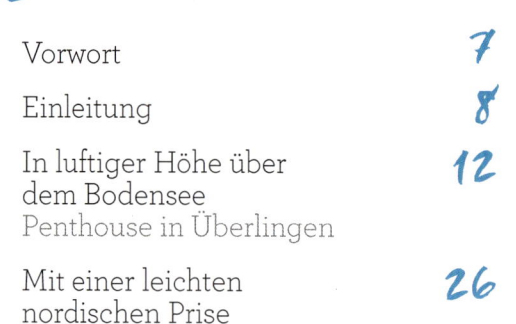

Vorwort	7
Einleitung	8
In luftiger Höhe über dem Bodensee Penthouse in Überlingen	12
Mit einer leichten nordischen Prise Wohnung in Kreuzlingen	26
Das legere Strandhaus am Berg Reihenhaus in Sipplingen	40
Refugium mit kreativer Energie Bio-Haus in Lindau	56
Ein Ort für Träume in der alten Fabrik Loft in Arbon	70
Ein Leben voller Sammelobjekte Haus in Langenargen	90
Ein ganz buntes, fröhliches Lebensglück Altbau in Amriswil	108
Mit viel Platz für »Kiwi« und Kunst Haus in Arbon	132

LEBEN + GENIESSEN

»Weingut Aufricht« nahe Meersburg	20
»Station Einzigartig« am Untersee	34
»Surfschule Bodensee« im Überlinger Ostbad	50
Historisches Fachwerk	54
Einrichtung »Schoscha« in Bregenz	64
Hotel »Wunderbar« in Arbon	80
Blumeninsel Mainau	82
Obstanbau und Schnaps	88
»Musiksalon Hirscher« in Langenargen	98
Segelregatta	102
Fischer Rolf Meier in Ermatingen	116
Restaurant »Treichli« in Unterwienacht	122
Museum »Saurer Werke« in Arbon	140
Picknickausflug auf dem Rhein	142
Gastronomie »Hafenhalle« in Konstanz	146
Open-Air-Festival auf Schloss Salem	150
Adressen	156
Impressum	157

VORWORT

Bodensee! Dieses Wort hatte für mich schon immer etwas Magisches. Immer, wenn jemand davon sprach, wurden in mir Sehnsüchte wach, obwohl es mich weder in meiner Kindheit noch bis ins junge Erwachsenenalter jemals dorthin verschlagen hatte. Erst als mein Mann Thommy in mein Leben trat, durfte ich meine Traumbilder vom Bodensee in reale Eindrücke und Erinnerungen eintauschen. Da mein Schwiegervater in Überlingen aufgewachsen und seiner Heimatliebe zum Bodensee immer treu geblieben ist, hat die Familie Hellweg das große Glück, ein eigenes Feriendomizil in Konstanz zu besitzen. Sooft es geht, fahren wir deshalb von München aus in eine der schönsten Regionen Deutschlands und genießen dort jede Sekunde. Ich bin immer wieder aufs Neue fasziniert, in welch prächtigen und zu jeder Jahreszeit sehr unterschiedlichen Farben sich die traumhafte Kulisse von Hügeln, Weinbergen, Alpen und Gewässer präsentiert. Auch die Menschen habe ich sehr ins Herz geschlossen: Sie sind bodenständig, liebenswert, freundlich und hilfsbereit – so wie Winfried und Iris, ohne die dieses Buch nicht möglich gewesen wäre. Und wer weiß? Vielleicht ziehen Thommy, Florentine und ich irgendwann einmal für immer an den Bodensee – damit die Sehnsucht ein Ende hat! Viel Freude mit diesem wunderschönen, facettenreichen Bildband!

EINLEITUNG

Die reizvolle Vierländerregion am Bodensee...

... ist für vieles berühmt: für ihre zahlreichen Apfelsorten, die Insel Mainau, spannende Museen, idyllische Gärten und Schlösser, Bergbahnen, Natur- und Freizeiterlebnisse sowie erholsame Bäder. Aber nicht nur die unbeschreiblich schöne Landschaft und das milde, wohltuende Klima machen ein Leben am Bodensee so erstrebenswert, auch pulsierende Städte wie Konstanz, Bregenz und Lindau tragen ihren Teil dazu bei. Darüber hinaus verbindet die Schifffahrt Land und Leute – letztere wissen übrigens sehr genau, wie man das Leben in vollen Zügen genießt: bei einem abendlichen Spaziergang durch romantische Altstadtgassen, einem Sprung ins kühle Nass im Strandbad oder einer Radtour, vorbei an blühenden Streuobstwiesen. Am Bodensee lässt es sich eben besonders gut leben!

1 Sipplingen	**8** Lindau
2 Überlingen	**9** Bregenz
3 Salem	**10** Wienacht-Tobel
4 Meersburg	**11** Arbon
5 Hagnau	**12** Amriswil
6 Friedrichshafen	**13** Kreuzlingen
7 Langenargen	**14** Ermatingen
	15 Konstanz
	16 Insel Mainau

Bodensee

DEUTSCHLAND — Ravensburg, Wangen
SCHWEIZ — St. Gallen
ÖSTERREICH — Dornbirn

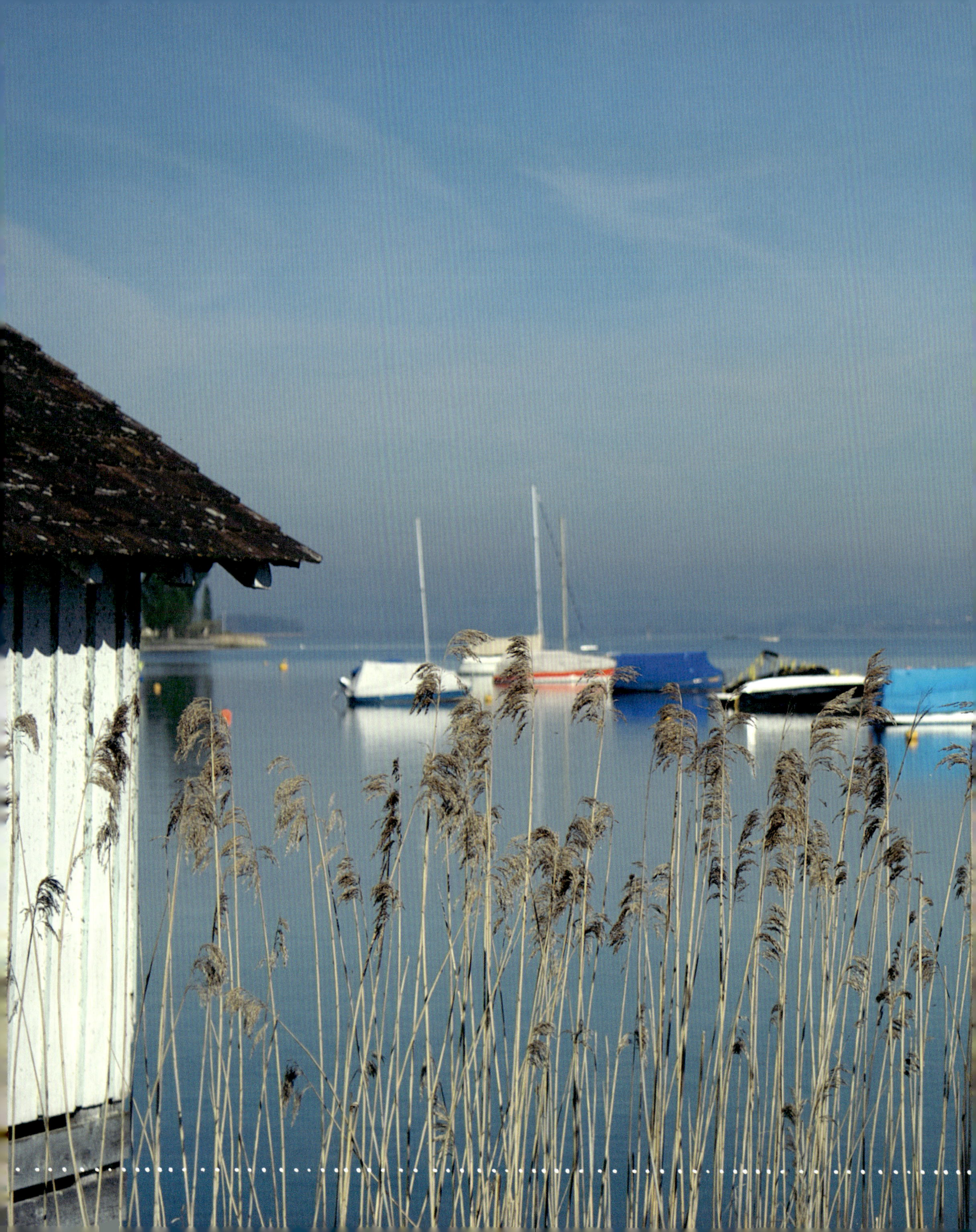

»Weite sehen, Ewigkeit spüren.
Aus der Enge und Begrenztheit hinaus.
Das ist Leben am See.«

– Marion Hellweg –

> **Penthouse in Überlingen**
> · Sonja & Heinz ·

IN LUFTIGER HÖHE *ÜBER DEM BODENSEE*

Nach vielen Jahren in London haben Sonja und Heinz mit einem tollen Penthouse in Überlingen einen neuen, inspirierenden Lebensraum gefunden.

LINKE SEITE: Als freie Grafik-Designerin und Dozentin ist Sonja viel unterwegs. Ihr Büro ist ihr Refugium und Rückzugsort für neue Ideen, die sie am Schreibtisch sofort umsetzt. **DIESE SEITE:** Die meisten Möbel stammen aus ihren Jahren in England und bilden einen authentischen Hintergrund für die »English Tea Time«, zu der Sonja gerne Freunde einlädt.

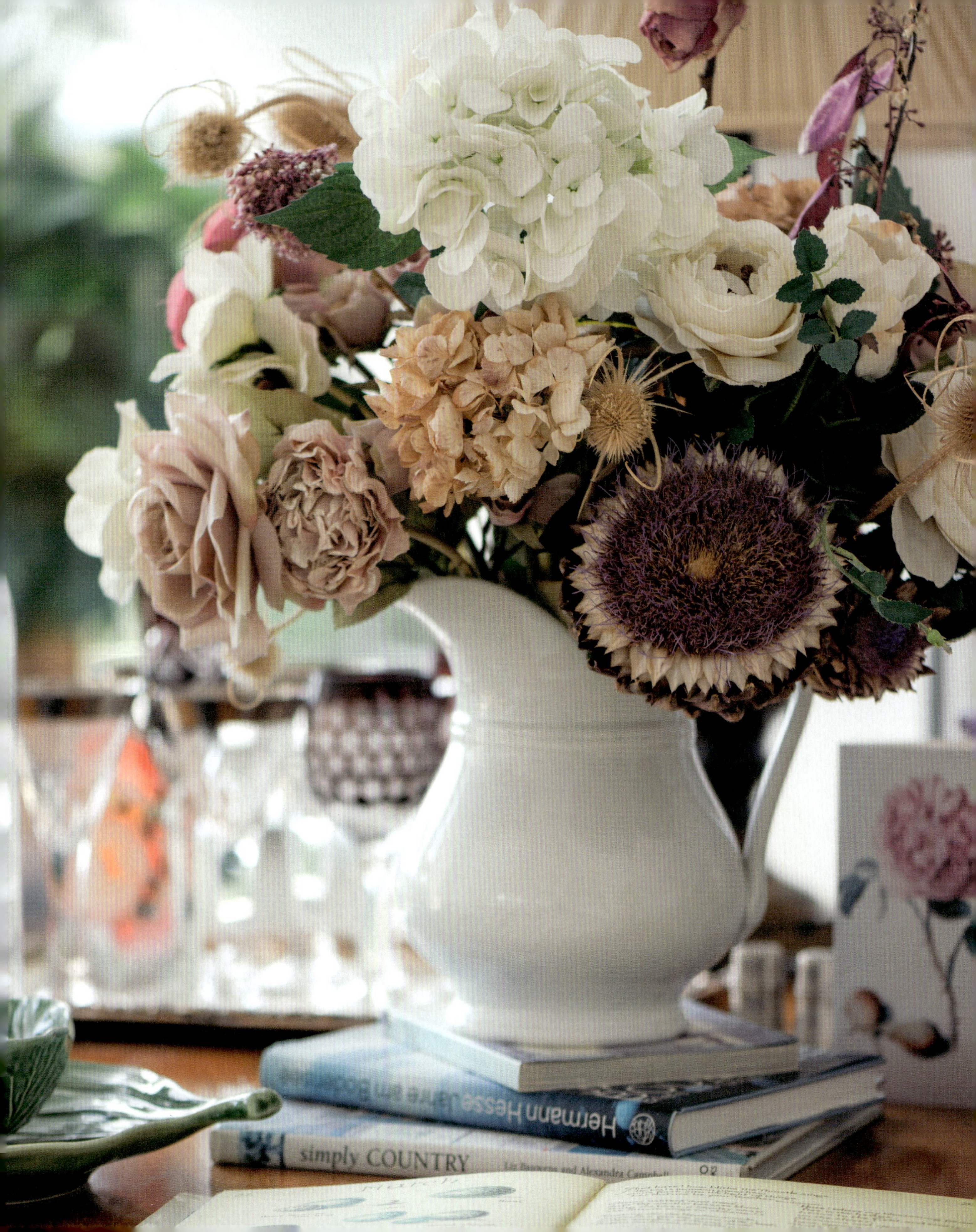
Hermann Hesse
simply COUNTRY

Nach beinahe 30 Jahren Großstadtleben hatten Sonja und Heinz den Wunsch nach mehr Ruhe, und Sonja zog es zurück in ihre Heimat nach Süddeutschland. In Überlingen am Bodensee fanden sie ein Penthouse, das gerade nach der Renovierung eines ehemaligen Postgebäudes fertig gestellt worden war. Die Räumlichkeiten haben das Paar sofort begeistert, weil sie das Loft-Feeling an ihre gemeinsamen Jahre in London erinnerte. Ihr neues Zuhause liegt wunderbar zentral, in unmittelbarer Nähe der Uferpromenade. Beeindruckt hat sie jedoch in erster Linie der weitreichende Blick, der über die historische Altstadt von Überlingen und über weite Teile des Bodensees geht. »Wir haben immer wieder Gäste, denen es erst mal die Sprache verschlägt«, so Sonja, »denn die Höhe unseres Zuhauses ermöglicht ganz andere Blickwinkel über den See, als man sie normalerweise hat.« Aus ihren langen Jahren in England haben Sonja und Heinz viel mitgebracht – im wahrsten Sinne des Wortes. »Fast unser gesamtes Interieur stammt von dort, und wenn wir neue Stoffe oder Tapeten suchen, dann tun wir das entweder in England direkt oder online.« Hier treffen antike Möbel auf zeitgenössisches Design, da Sonja gerne verschiedene Stile miteinander kombiniert. Im Penthouse wird gelebt und gearbeitet – und immer die Nähe zum See genossen. »Im Sommer gehen wir einfach in Badesachen und mit einem Handtuch aus dem Haus. »

LINKE SEITE: Sonja sammelt alte Kristallgläser, die auch als Blumenvasen toll aussehen. **RECHTS OBEN:** Das Sofa lädt zu Mußestunden ein. Auch im Liegen hat man den See immer im Blick. Bei den Kissen von Designers Guild konnte Sonja nicht widerstehen.
RECHTS UNTEN: Bücher liegen immer griffbereit. Sie sind eine kontinuierliche Inspirationsquelle und zudem charmante Dekoration mit Wohlfühlfaktor.

Fundstücke

»*UNSER HEIM STRAHLT ZU JEDER JAHRESZEIT EINE* **BEHAGLICHE RUHE** *UND* **LEICHTIGKEIT** *AUS – DAS LIEBEN WIR SO SEHR!*«

OBEN: Die offene Treppe nach oben führt zu Heinz Arbeitsplatz und außerdem zur gemütlichen Lümmelecke, die jederzeit für Besucher zum Übernachten zur Verfügung steht.
RECHTE SEITE: Sonja kommt an fast keinem Buchladen vorbei. Ihre Schätze arrangiert die Designerin immer wieder in Gruppen und stellt dazwischen am liebsten bunte Sträuße aus dem eigenen Garten. Beim Lesen genießt sie den weitreichenden Blick über den Bodensee Richtung Mainau.

»Wir brauchen nur eine kleine Straße zu überqueren und schon können wir in den See spingen«, erzählt Heinz begeistert. Den Wechsel von der Großstadt an den beschaulichen Bodensee haben sie nie bereut. »Man ist immer so stark mit der Welt verbunden, wie man es eben möchte«, sagt Sonja, die zu ihrem weit verteilten Freundeskreis über die sozialen Medien regen Kontakt hält. »Wenn wir wollen, können wir auch hier jederzeit Trubel haben, wir brauchen nur an die Uferpromenade zu gehen und uns in eines der vielen Cafés zu setzen.« Am liebsten trinkt das Paar jedoch einen Tee auf dem eigenen Balkon, den Sonja immer wieder üppig begrünt. Blumen und Pflanzen sind ihre große Leidenschaft – der Balkon dient häufig als Kinderstube für kleine Sämlinge, die bei entsprechender Größe in den eigenen Schrebergarten übergesiedelt werden. »Meine Naturverbundenheit wurde mir in der Kindheit mitgegeben«, erzählt Sonja strahlend. »Die Inspirationen dafür, wie ich sie umsetze und lebe, habe ich mir auf der ganzen Welt geholt und mit in meine Heimat gebracht.«

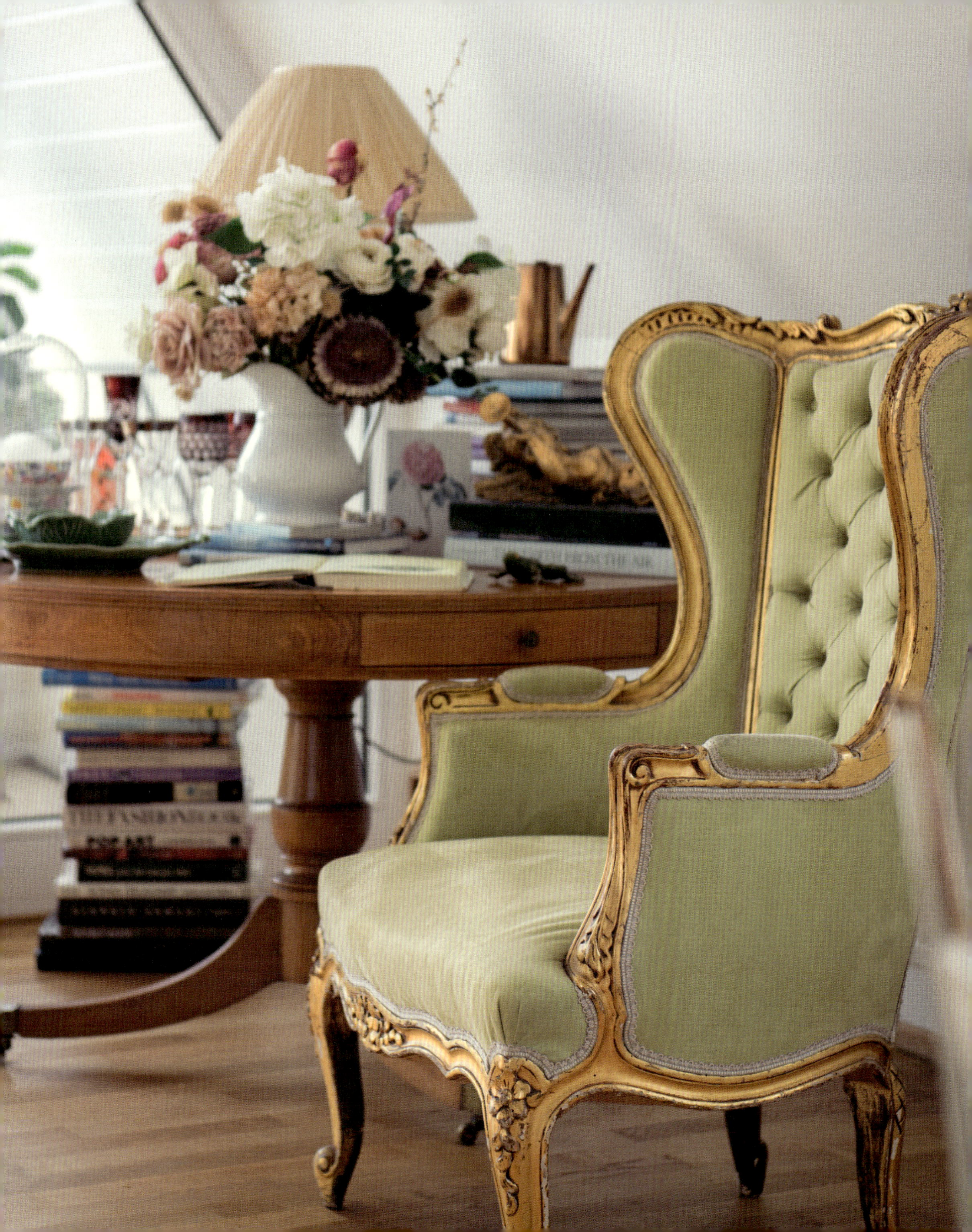
THE FASHION BOOK
POP ART

DIESE SEITE: Der Blick auf den See ist jeden Tag ein Erlebnis und immer wieder einzigartig. Freunde kommen gerne, um die Sonnenuntergänge zu genießen.

RECHTE SEITE: Die sanften Farben sorgen für eine schöne Stimmung im Schlafzimmer. Der Kronleuchter stammt von einem Antikmarkt in London.

»Verschiedene Stile ganz nach Lust und Laune kombinieren. Einrichten muss in erster Linie wirklich Spaß machen!«

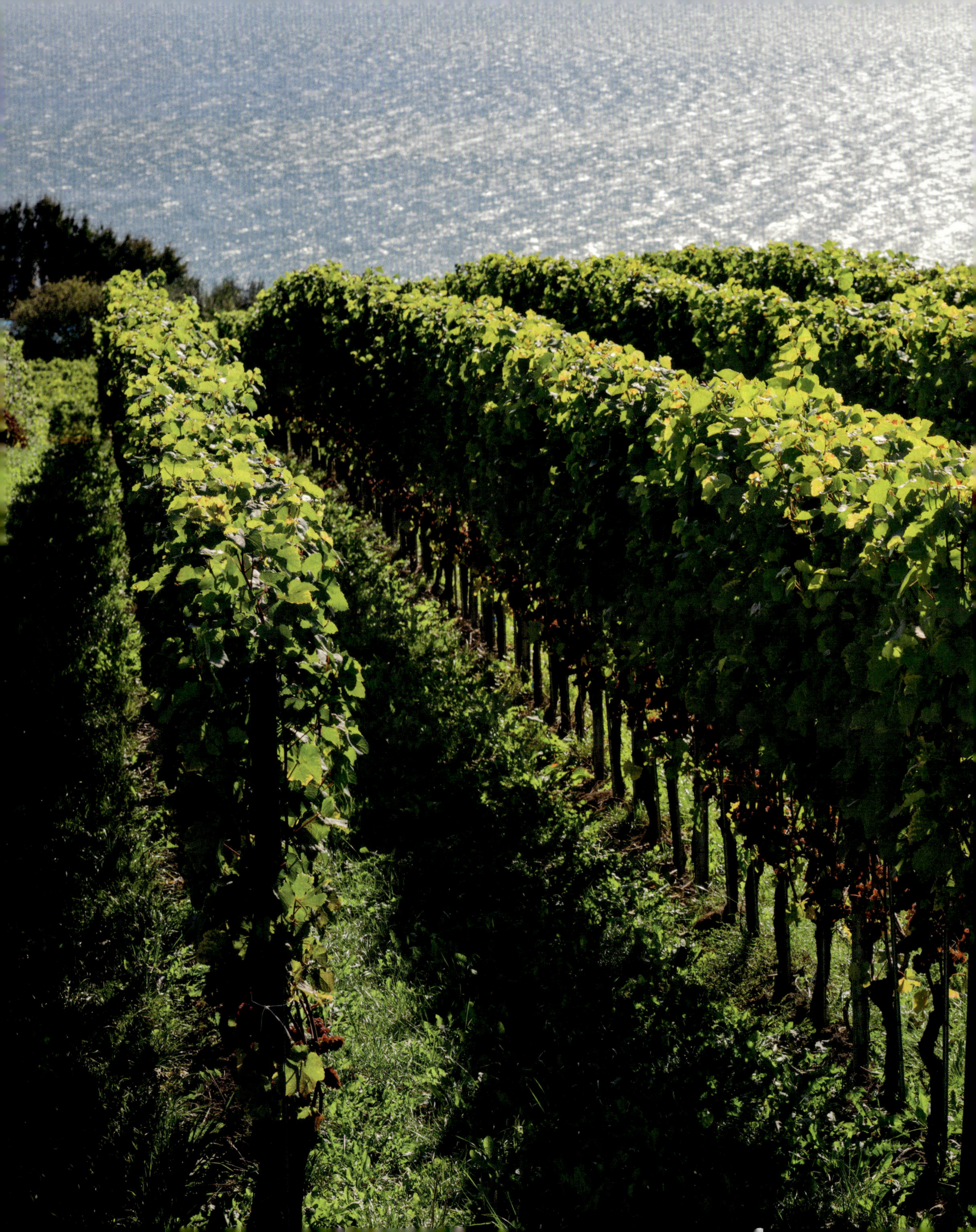

Weinberge mit Seeblick und Höhenlage

Das Weingut Aufricht liegt nahe Meersburg in einer außergewöhnlich reizvollen Landschaft.

Auf der großen Terrasse sitzen und den Blick über die Weinberge zum See bis hin zu den schneebedeckten Bergen schweifen lassen.

Zu Fuß sind es nur wenige Minuten vom Weingut bis zum Bodenseeufer, der Weg dorthin führt durch die eigenen Weinberge. Im Sommer gehen Aufrichts diesen Weg häufig, **denn** am Ufer gibt es versteckte Buchten, die man vom Weg aus nicht einsehen kann. »Oft lassen wir den Tag hier bei einem Glas Wein ausklingen, schwimmen eine Runde und wenn uns danach ist, machen wir noch ein Lagerfeuer. Die Sonnenuntergänge sind hier einfach ganz besonders, und wir denken immer wieder, dass es noch nie so schön gewesen ist.« Das Weingut Aufricht liegt eingebettet in das Landschaftsschutzgebiet bei Meersburg. Ein Schotterweg führt durch die Weinberge dorthin. Der Weg soll auch in Zukunft so bleiben, denn keine Straße könnte seinen Charme ersetzen. Manfred Aufricht und sein Bruder Robert leiten das Weingut gemeinsam, das ihr Vater aufgebaut hat. Die nächste Generation, zwei der vier Kinder von Manfred und Hildegard, bereitet sich schon vor und studiert Önologie.

Die Wohnhäuser der Familie befinden sich auf dem Weingut – die Übergänge von der Natur zu den Gebäuden sind fließend, die Weinberge reichen bis unmittelbar an die Häuser heran. »Wir haben uns bewusst dafür entschieden, die Gebäude der Landschaft unterzuordnen. Denn für den Wein ist es ebenso wichtig, dass die Atmosphäre und das Landschaftsbild intakt sind. In der Architektur gilt das Gleiche wie beim Weinbau und der Weinherstellung: Hier sollte die Natürlichkeit des Handwerks betont und alles aus der Natur geschöpft werden«, so Manfred. Die vielfach ausgezeichnete Weine zeigen den Facettenreichtum dieses besonderen Ortes am Bodensee. »An all dem sollen auch die zukünftigen Generationen noch ihre Freude haben, deshalb nehmen wir nicht nur, wir geben auch viel zurück, indem wir fast einen Hektar Landschaftsfläche der Natur zur Verfügung stellen. Das kommt nicht nur der Region zugute und uns selbst, sondern schließlich auch unserem Wein.«

OBEN: Beim Bau des Gebäudes für den Weinverkauf wurden nur heimische Materialien verwendet. Die Weinkartons warten darauf, verladen zu werden. **EINS:** Der Winzer und seine Reben: Manfred Aufricht ist glücklich über die tolle Qualität der geernteten Trauben. **ZWEI:** Ein echter Handwerksberuf. **DREI:** Der stattliche Kirschbaum hat einen der schönsten Plätze in den Weinbergen mit Blick auf den See. Er ist ein willkommener Ruheplatz und dazu ein fast mythischer Ort.

1

2

3

IMPRESSIONEN aus *Maurach*

Die alte Kulturlandschaft präsentiert sich lebendig und bewahrt gleichermaßen ihre Traditionen.

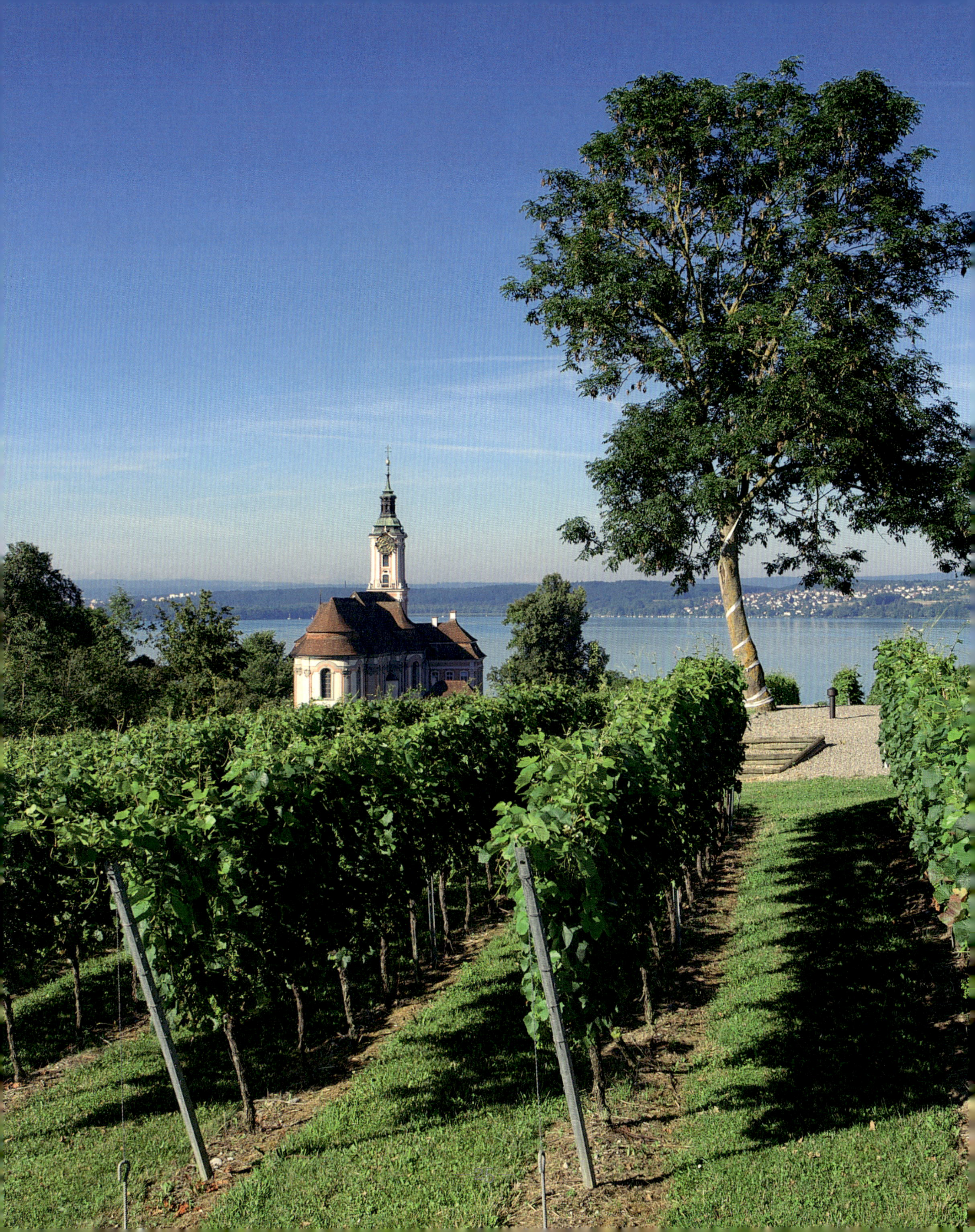

Wohnung in Kreuzlingen
· Karin & Adam ·

MIT EINER LEICHTEN NORDISCHEN PRISE

Karin lebt zusammen mit ihrem kleinen Sohn Adam in Kreuzlingen in einer hellen Erdgeschosswohnung mit dazugehörendem Gartenteil.

LINKE SEITE: Der bunte Sommerstrauß gibt dem ruhigen Esszimmer einen Frischekick.
DIESE SEITE: Das Sims der halbhohen Wandtäfelung bietet Platz für kleine Dekorationen. Tisch und Stühle hat Karins Vater vor 40 Jahren gekauft und nun seiner Tochter vererbt.

SCHÖNE IDEEN FÜR NORDISCHE WOHNTRÄUME

Karin und ihr kleiner Sohn Adam leben in einer sehr ruhigen Wohngegend in Kreuzlingen und haben es nicht weit zum Seeufer sowie zum Park, wo Adam gerne die Tiere füttert. »Als ich diese Wohnung vor zwei Jahren das erste Mal sah, wusste ich sofort, dass sie ein perfektes Zuhause für uns sein könnte«, so Karin. Zusammen mit einer lieben Freundin richtete sie die Wohnung so ein, dass sie zum nordischen Stil passt, den sie am liebsten mag – und das nicht von ungefähr: Karins Mutter kommt aus Schweden. »Ich habe viel von diesem Stil übernommen und schätze seine Leichtigkeit. Damit fühle ich mich einfach wohl.« Vor dem Einzug in die Drei-Zimmer-Wohnung wurden Wände und Türen weiß gestrichen und Farbtöne für die einzelnen Zimmer ausgesucht. Den Tisch im Esszimmer hat Karin in einem ganz zarten Rosa lackiert, die passenden Stühle in einem sehr hellen Grau. Karins Vater hatte sich Tisch und Stühle in dänischem Design einst als erste große Investition gekauft. Die Wohnküche ist ein längliches Zimmer, das Karin ≫

LINKS: Die weißen Regale aus Metall wurden hoch an die Küchenwand montiert. Sie wirken fast schwebend und verleihen dem eher schmalen Zimmer eine schöne Leichtigkeit.
RECHTE SEITE: Eine wandfüllende Spanplatte wurde mit schwarzer Tafelwandfarbe gestrichen und bietet dem zweijährigen Adam eine große künstlerische Freifläche.

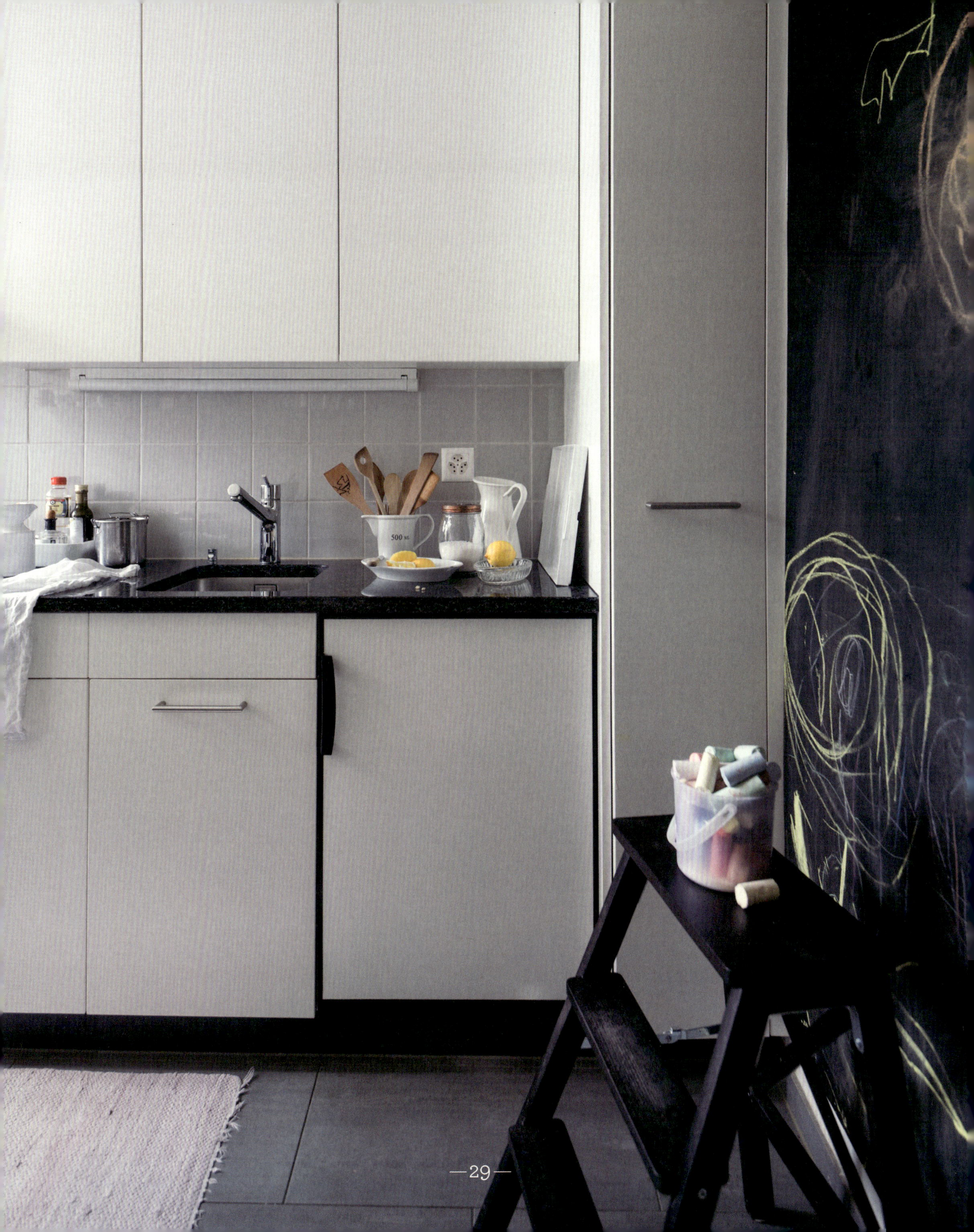

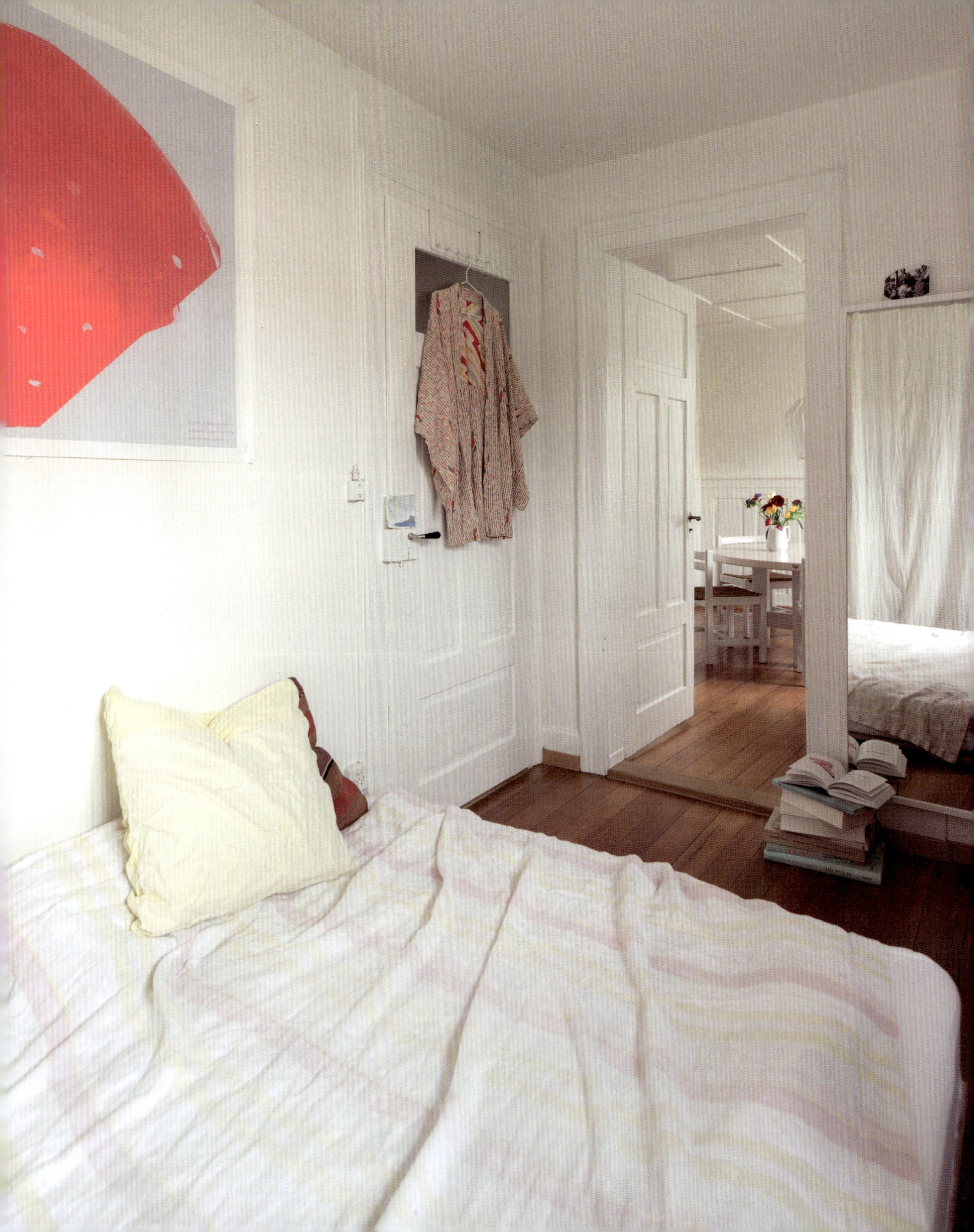

So zauberhaft behält Karin den Überblick.

zu Anfang etwas ratlos machte. »Ich wollte nicht, dass das Zimmer zu voll wirkt, da ich gerne weite Räume mag. Zudem sollte Adam hier die Möglichkeiten haben zu spielen.« An einer kompletten Wandseite wurde deshalb eine große, mit Tafellack gestrichene Spanplatte angebracht. Hier kann Adam nun nach Lust und Laune mit Kreide malen. Außerdem wirkt der Raum durch diese Installation viel großzügiger. Die Gestaltung des Kinderzimmers hat Karin den größten Spaß gemacht. »Ich habe Altes mit Neuem kombiniert und viel Raum für Phantasie gelassen.« Am liebsten hält sich Adam in seiner kleinen Kinderküche auf, wo er dasselbe tut wie seine Mama: Ausgiebig kochen. Und nach dem Essen gibt es bei Adam einen Mini-Espresso.

LINKE SEITE: Die Doppelbett-Matratze liegt auf einem schmalen Holzrost direkt auf dem Boden. Dadurch wirkt das Bett extrem gemütlich. Der Spiegel vergrößert den Raum optisch.
OBEN: Zwei clever aufgehängte Kleiderstangen dienen im Schlafzimmer als Garderobe. Ein weißer Baumwollstoff trennt sie vom Rest des Zimmers.

EIN REICH FÜR KLEINE KÜNSTLER

DAS VERZAUBERTE SCHWEIN
ZURICH
für Kinder ab 6 Jahren
PREMIERE 14 NOV 2015
Sven Nordqvist
Wie Findus zu
Pernilla Stalfelt
Klipp klopp

EIN ALTER BAHNHOF ZUM VERWEILEN

Ein umgebautes Bahnhofsgebäude in Mannenbach am schönen Untersee lädt Einheimische und Reisende zum Genießen und Wohlfühlen ein.

»Jetzt habe ich den Bahnhof gekauft, mach etwas daraus«, hört Karin Länzlinger im Sommer 2012 ihren Mann sagen. Das Ehepaar hatte bereits zweimal erfolglos versucht, das frühere Bahnhofsgebäude in Mannenbach am Schweizer Untersee zu kaufen. Die Lage direkt am Wasser und der Charme der alten Räume waren Liebe auf den ersten Blick. Als Länzlingers endlich die neuen Eigentümer wurden, machten sie sich erst einmal auf Ideensuche für das Objekt, in dem zuletzt ein Künstler sein Atelier hatte. Ein soziales Projekt wurde angedacht, doch dann entstand mit der »Station Einzigartig« ein Bistro mit kleinem Konzept-Store. Der Ort Mannenbach liegt auf dem Weg von Konstanz Richtung Stein am Rhein, wenn man die Route direkt am See entlang nimmt. Viele Radfahrer und Wanderer kommen hier vorbei, im Sommer sind die Terrassenplätze sehr beliebt. Zum Essen gibt es Genüssliches im Papiersack, dem witzigen Markenzeichen des Bistros. »

LINKE SEITE: An den vielen hausgemachten Köstlichkeiten kommt fast niemand vorbei. **DIESE SEITE:** Alte Station, neues Flair. **EINS:** Das ehemalige Bahnhofsgebäude stammt aus dem Jahre 1875 und steht unter Denkmalschutz. **ZWEI:** Karin ist gelernte Floristin und bringt ihre Liebe zu Blumen überall zum Ausdruck. Dafür holt sie allerlei Sachen aus ihrem eigenen Garten. **DREI:** Wo es früher immer wieder lange Wartezeiten gab, sitzen die Gäste heute gerne freiwillig länger und genießen den Blick auf den Untersee. **VIER:** Hereinspaziert! Ein fröhliches Blumen-Potpourri heißt die Gäste der »Station Einzigartig« willkommen.

»Ich bin einfach gerne mit Menschen zusammen, es soll allen Leuten hier gefallen ... Und wenn sie länger bleiben, ist es das größte Kompliment für mich.«

»Sackstark« steht darauf und die Inhalte sind vielfältig: Brot, Kuchen, kleine Leckereien. In der eigenen Küche entstehen die Köstlichkeiten aus überwiegend regionalen Produkten. Das Bistro, das sich im ehemaligen Wartesaal befindet, fand von Anfang an regen Zuspruch im Ort unter den Einheimischen. Es gibt viele Gäste, die den Mittagstisch schätzen oder sich zur Kaffeezeit einfinden. Und sie freuen sich darüber, dass die »Station Einzigartig« auch in der kalten Jahreszeit geöffnet hat und lediglich im Januar einen »Winterschlaf« hält. »Wenn es mal heftig stürmt, dann wird es erst so richtig gemütlich hier drinnen.«

EINS: Die Einrichtung der »Station Einzigartig« ist schlicht gehalten, so kann Karin alles ganz leicht immer wieder neu dekorieren. **ZWEI:** Die Theke lenkt den Blick des Betrachters bewusst auf sich. Als Grundgerüst wurde ein früherer Architektenschrank verwendet. Der alte Fensterladen dient nun als Postkartenständer. **DREI:** Köstliche Kuchen und Torten warten im gemütlichen Bistro unter großen Glashauben auf die Gäste. **VIER:** Der Konzept-Store befindet sich im ehemaligen Fahrkarten-Verkaufsschalter. Je nach Jahreszeit verändert Karin immer wieder sein Aussehen. Bei der Renovierung konnten die antiken Böden der Innenräume erhalten werden. Außerdem wurden unzählige Eimer weißer Farbe verstrichen. **RECHTE SEITE:** Schmeckt garantiert! Zum bunten Salatteller gibt es frischen Bodenseefisch mit »sackstarkem« Brot. Der Keramik-Kaffeefilter macht sich hervorragend als hübsches Pflanzgefäß.

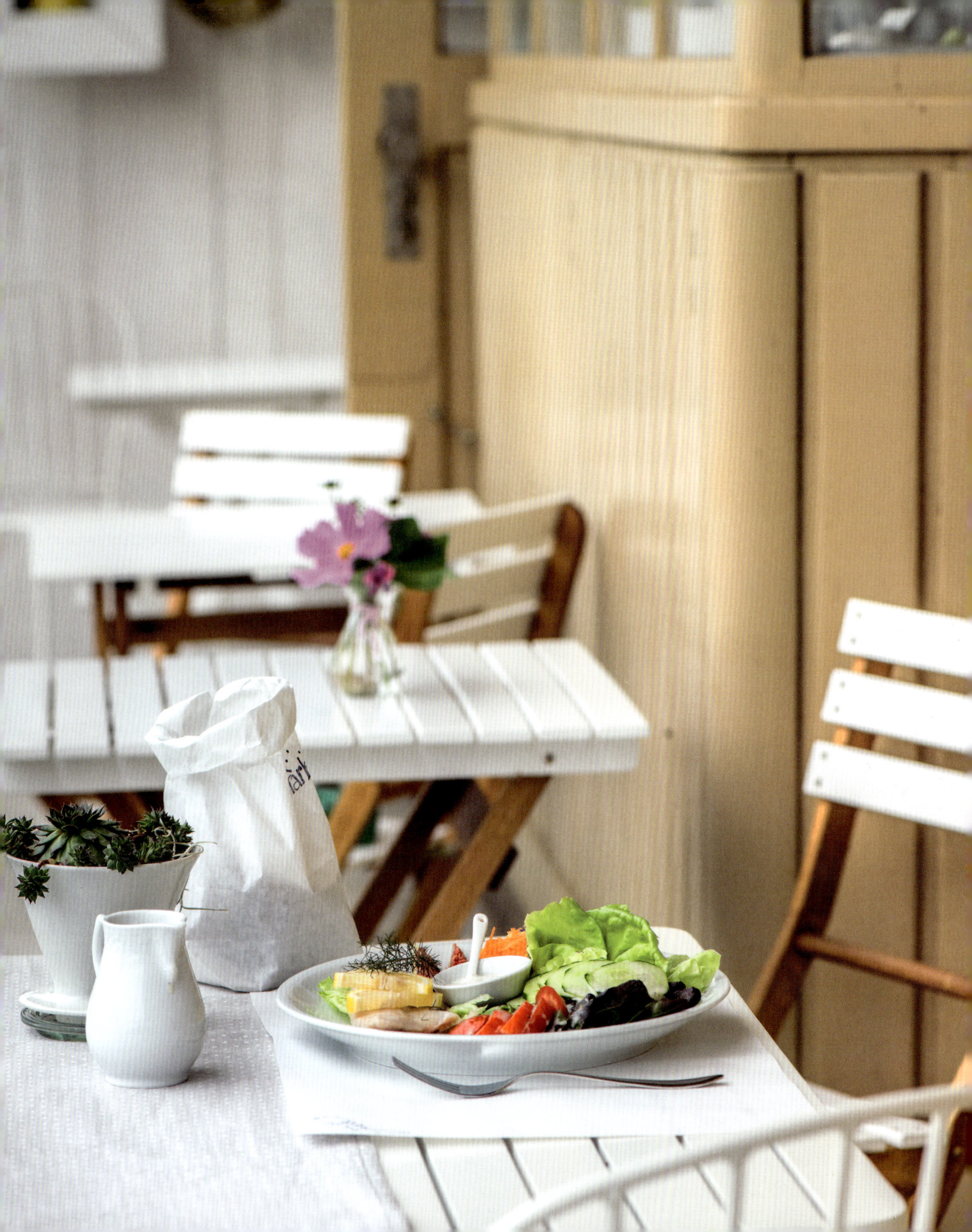

IMPRESSIONEN aus *Hegne*

Das **Idyll** ist hier vielerorts **ungetrübt** und lässt noch **Platz** für echte **Abenteurer.**

DAS *LEGERE* STRANDHAUS *AM* BERG

Das Zuhause von Winfried und seiner Familie wandelte sich vom tristen Reihenendhaus mit kleinen Zimmern zum hellen, offenen Schmuckstück mit gut durchdachten Wohnbereichen.

Reihenhaus in Sipplingen
· Winfried & Familie ·

Die Möbel im Wohnzimmer haben einige Umzüge hinter sich. Sie standen in anderen Konstellationen schon in London und in einem Landhaus.

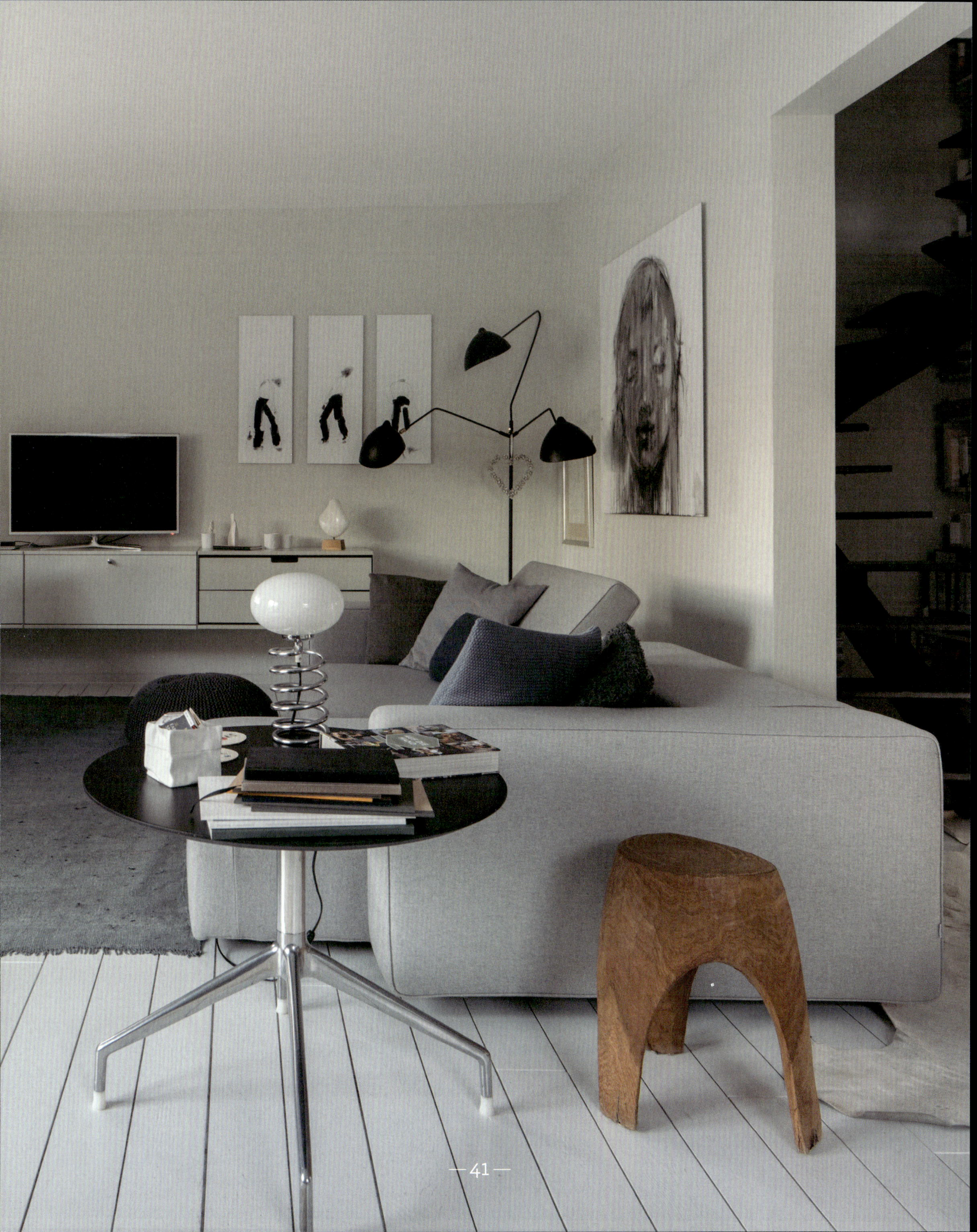

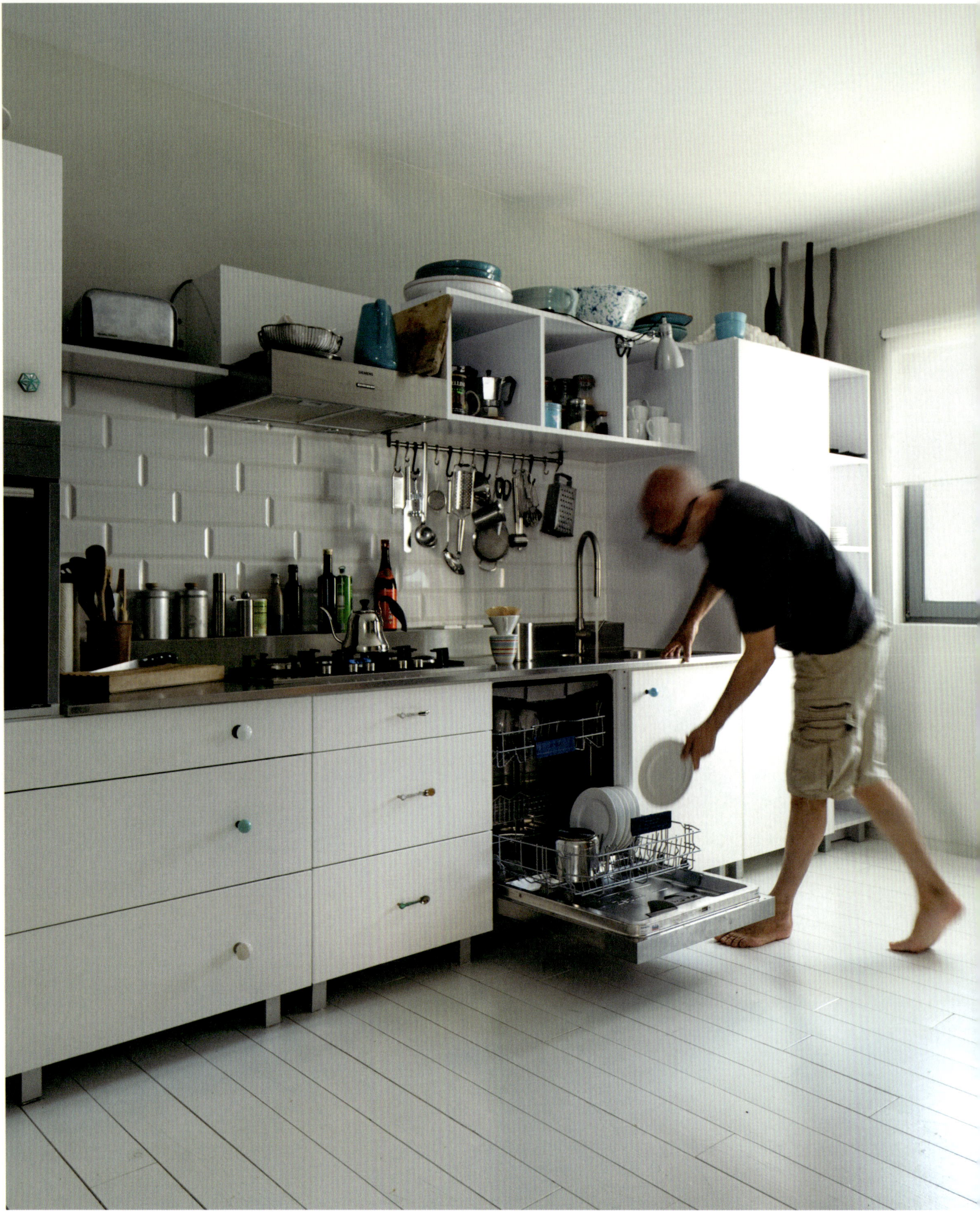

»EIN HAUS, DAS NICHT PERFEKT IST, *LÄSST VIEL PLATZ FÜR* EINFALLSREICHTUM.«

Sipplingen liegt auf der Sonnenseite des Bodensees, ein kleiner Ort mit guter Infrastruktur. Als Winfried auf der Suche nach einem Haus für sich und seine Familie war, hatte er Glück, als er dort die Immobilie mit wunderbarem Seeblick fand. Das, was sie zu diesem Zeitpunkt architektonisch bot, war jedoch weniger attraktiv: Ein schlecht gebautes Reihenendhaus, das kleine Räume hatte, in denen man im oberen Stockwerk aufgrund der Dachschrägen nicht aufrecht stehen konnte. Winfried erkannte jedoch das Potenzial des Hauses: »Der Standort war super, das war das Wichtigste und alles Weitere ließ sich verändern.« Er ließ Wände einreißen, die vorhandenen Oberflächen und sogar die Treppen entfernen, die Heizung erneuern und die Terrasse neu gestalten. Winfried wollte für sich und seine Familie ein »offenes Domizil« – im eigentlichen wie im übertragenen Sinne: Helle Räume und genügend Platz für Freunde. »Für diesen Ort habe ich mir sofort eine Art Strandhaus vorgestellt – auch wenn wir am Berg wohnen. Diese sommerliche Atmosphäre passt einfach perfekt zu uns.« Die wichtigste Veränderung während der Umbaumaßnahmen war die Aufstockung des Hauses um 1,20 Meter, da die Schlafzimmer der oberen Etage zuvor nur schräge Dachfenster besaßen. Durch die Anhebung sind die Räume dank großer Fenster und Türen nun hell und freundlich geworden und bieten viel mehr Wohnraum. Der frühere Dachboden wurde zu offenen Schlafbereichen für die Kinder verwandelt, die mittels Treppen von ihren eigentlichen Zimmern aus erreichbar sind. Durch die Erweiterung der Kinderzimmer auf zwei Ebenen wirken sie zudem viel größer, als sie eigentlich sind. »

LINKE SEITE: Durch viel Weiß und Hellgrau wirkt der Raum sehr großzügig. Metro-Fliesen bilden den Hintergrund der Küchenzeile.
OBEN: Von Leos Zimmer führt eine geschmiedete Treppe in seinen Schlafbereich. Der Schreibtisch wurde in die Treppe integriert.

EINS: Ein Zweig wird ganz schlicht und natürlich in Szene gesetzt. **ZWEI:** Im lichtdurchfluteten Essbereich hängt ein Bild des britischen Künstlers Mark Upton. Die Lampe über dem Tisch stammt aus einem Antiquitätenladen in London. Zusammen ergeben alle Möbel ein charmantes Ensemble moderner Klassiker. **DREI:** An kühleren Tagen ein begehrter Platz zum Entspannen: der Ofen im Wohnzimmer. **VIER:** Chloe hat es sich auf der Terrasse im Lounge-Chair gemütlich gemacht.

Eine sehr luftige Atmosphäre ist durch die ultrahellen Farbtöne und die offenen Räume entstanden.

FÜNF: Da die Familienmitglieder zu unterschiedlichen Zeiten zu Hause sind, wird die Kreidetafel gerne zum Hinterlassen von Nachrichten genutzt. **SECHS:** Im Eingangsbereich hängen verschiedene Fotowerke. Hinter der Tür befindet sich das Gästebad. **RECHTE SEITE:** Auf der Terrasse führen die Holzdielen bis zur Wand hinauf. So wird ein Reflexionsfläche für das natürliche Licht geschaffen. Außen wie innen wurden die gleichen Dielen verwendet, das lässt die Räume noch größer wirken.

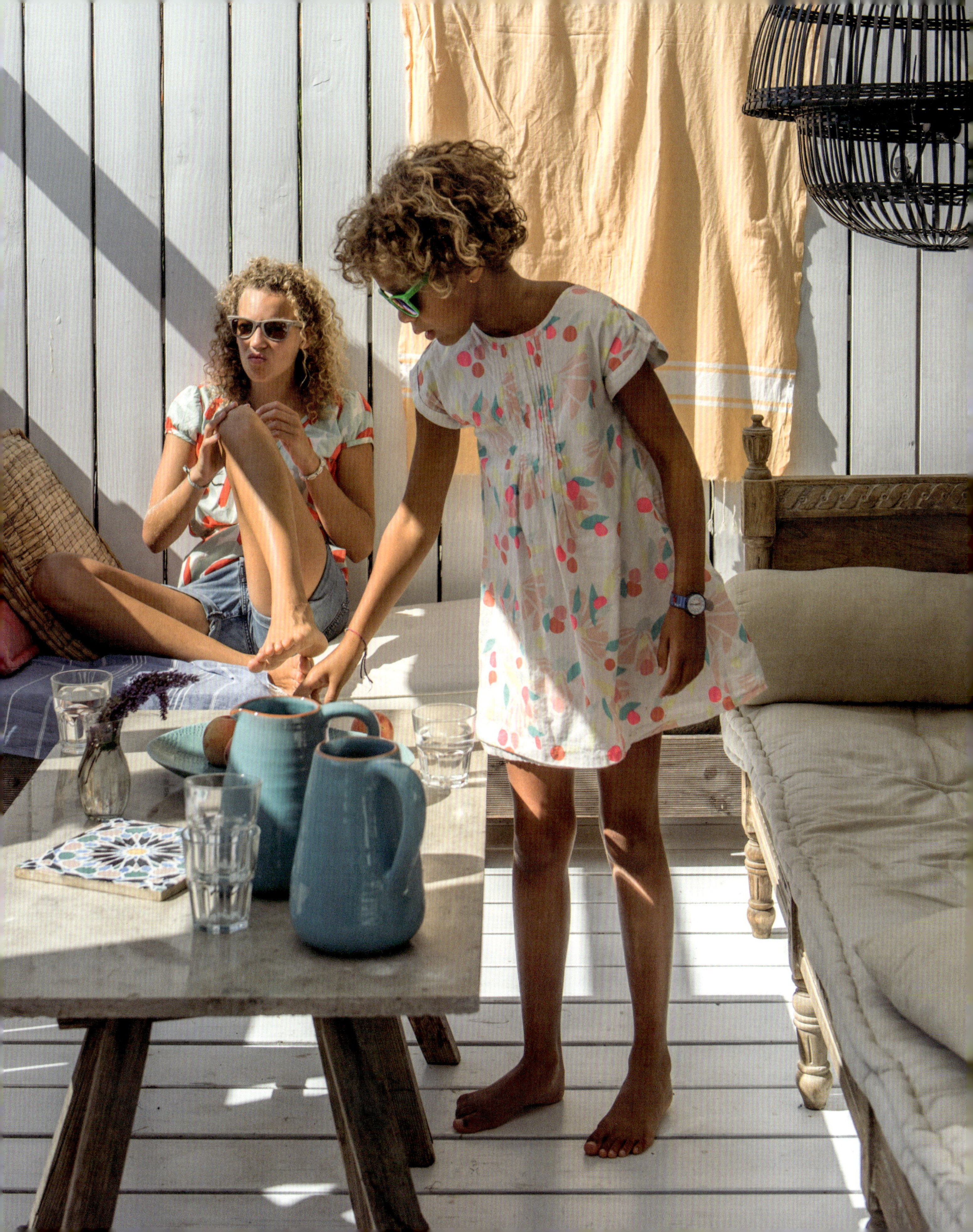

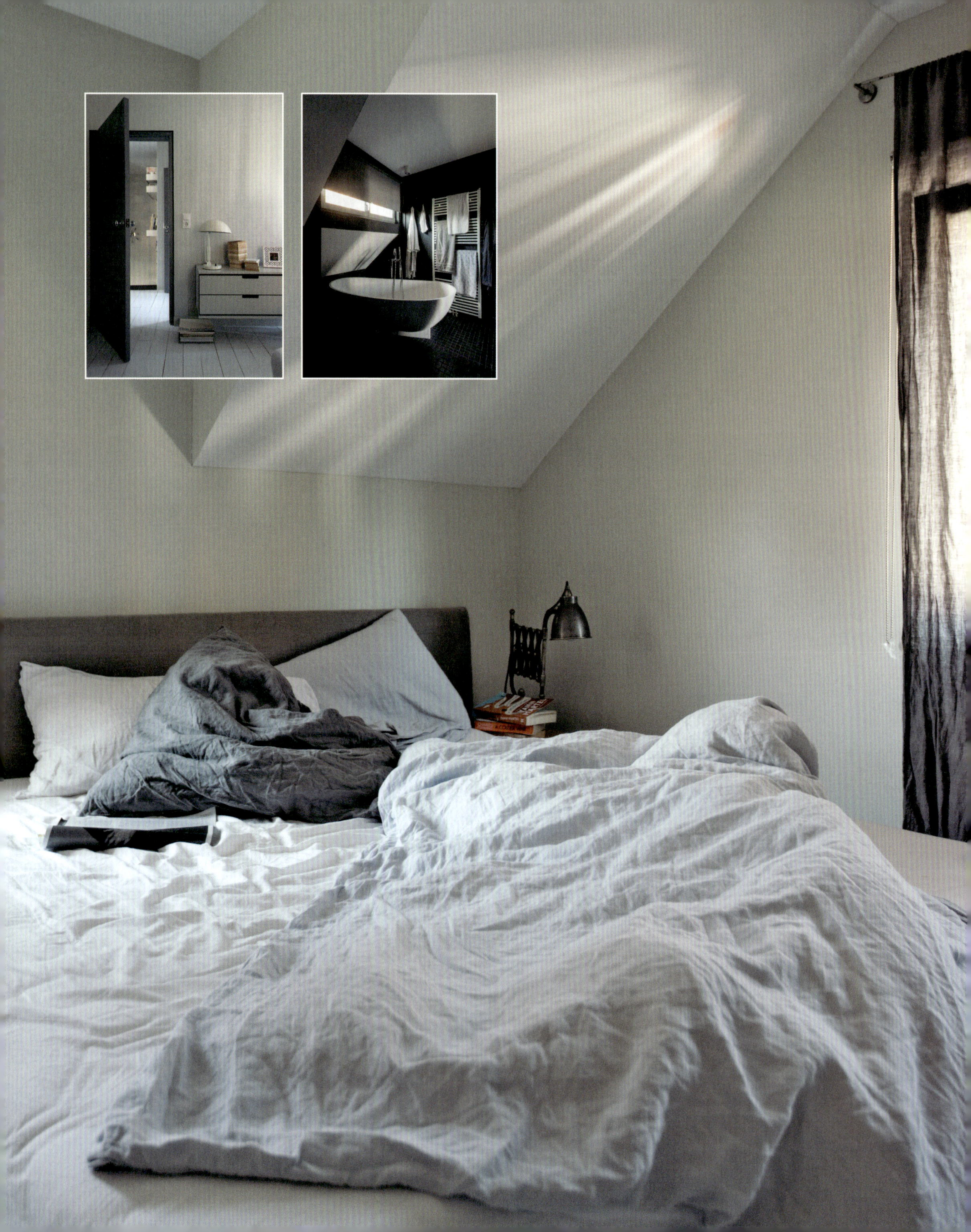

»*DER* SCHATTEN ZEIGT DAS LICHT *IN DIESEN RÄUMEN SEHR VIEL* BESSER ALS DIE SONNE *ES TUN KÖNNTE.*«

Dass der Reiz des Hauses in seiner mangelnden Attraktivität lag, erklärt Winfried so: »Wenn etwas schön aussieht, ist man viel weniger bereit, es zu verändern. Auch wenn einen etwas stört, arrangiert man sich damit.« Darum sah Winfried die Makel seines Domizils als Chance. Im ganzen Haus gibt es nun weiß lackierte Nadelholzdielen. Dieser legere Stil erinnert die Familie an ihre vielen Jahre in England. Die Böden wurden schon während der Umbauphase verlegt, um einen benutzten Charakter zu erzielen. Die luftig leichte Wendeltreppe im Aufgang zum ersten Stock wurde exakt geschmiedet und angepasst und entspricht in keinster Weise der vormals wuchtigen Buchenholztreppe. Weiter wurden bei den Umbaumaßnahmen sogar noch zwei kleine Sonnenbalkone integriert, welche die Außenfassade des Hauses gleich viel sympathischer erscheinen lassen.

LINKE SEITE: Im Schlafzimmer wählte Winfried bei Bettwäsche und Vorhängen Leinen in verschiedenen Grautönen. **RECHTS OBEN:** Kleine Fotogalerie: Alte Polaroids hängen einfach an Klammern befestigt nebeneinander. **RECHTS UNTEN:** Der blaue Hocker neben Ellas Sofa stammt aus einer Werkstatt von ihrem Opa.

Zu Fuß sind es nur ein paar Minuten zum See. Das Stand Up Paddle steht bereit.

EINS: Das Fixie-Rad hat einen Ehrenplatz in Leos Zimmer bekommen und ist sein ganzer Stolz. Er hat es ihm Rahmen einer Projektarbeit selbst geschweißt. **ZWEI:** Leos Faible für Boards jeglicher Art kommt überall zum Ausdruck. Den kleinen Tisch neben dem Sofa hat er aus einem alten Skateboard gebaut. **DREI:** Geliebte Skater-Schuhe, die auf ihren nächsten Einsatz warten. **RECHTE SEITE:** Mathilda und Chloe schmökern gerne auf der Treppe, die zum Schlafbereich ins Mädchenzimmer führt. Unter der Treppe wurde ein Regal- und Schranksystem maßgenau integriert, das jede Menge Stauraum bietet.

KATE MOSS
FASHION
Kleiner Eisbär
Moritz Maus
Die 101 schönsten Laubsäge-Ideen

OBEN: Die Surfschulen rund um den Bodensee bieten eine Vielzahl an sportlichen Aktivitäten an. Was auch immer man mag – bei schönem Wetter ist ein Südseefeeling garantiert. **RECHTS:** Wenn der Tag langsam in den Abend hinübergleitet, ist es eine wunderbare Zeit, um richtig entspannt auf einem Stand Up Board über den See zu paddeln. Damit es so leicht aussehen kann, am besten einen SUP-Kurs buchen.

GANZ LÄSSIG DEN TAG AM SEE VERBRINGEN

Ursprünglich waren polynesische Fischer stehend auf ihren Kanus unterwegs. Mittlerweile hat das Stehpaddeln auch am Bodensee viele Freunde.

Sportliche Aktivitäten auf dem See verleihen uns eine ganz besondere Energie. Gleichzeitig bringen die Farben und Stimmungen des Wassers eine große Ruhe mit sich.

Bretter, die den Sommer bedeuten, liegen sorgsam gestapelt an der »Surfschule Bodensee« in Überlingen. Sie befindet sich unmittelbar im Strandbad Ost direkt am Seeufer, umgeben von alten Bäumen. Alles wirkt fast klischeehaft: Ein einladender schöner Holzbau, aus dem immer Musik klingt, davor gemütliche Sitzmöbel, gleich daneben ein Beach-Volleyball-Feld. Für den ganzen Bereich scheint zu gelten, dass ihn nur Menschen betreten dürfen, die fröhlich sind – und diese gute Laune steckt an! Ob beim Surfen, Kanu fahren, Stand Up Paddling oder Yoga, ob alleine oder in der Gruppe, hier brauchen die Menschen nur wunderbare Sommertage, um alles in vollen Zügen genießen zu können. Zudem ist man nie alleine. An den lauen Abenden sitzen alle gerne zusammen am Lagerfeuer und der ein oder andere geht noch einmal eine Runde aufs Wasser hinaus.

LINKS OBEN: Für so viel Körperbeherrschung braucht es einige Übung – Yoga in Kombination mit Stand Up Paddling wird ebenfalls in vielen Surfschulen angeboten.
LINKS UNTEN: Strahlende Gesichter in der »Surfschule Bodensee« im Überlinger Ostbad.
RECHTE SEITE: Hier findet jeder die Aktivität, nach der ihm zumute ist. Vor allem aber hat man immer nette Leute um sich, mit denen man den Sommer genießen kann.

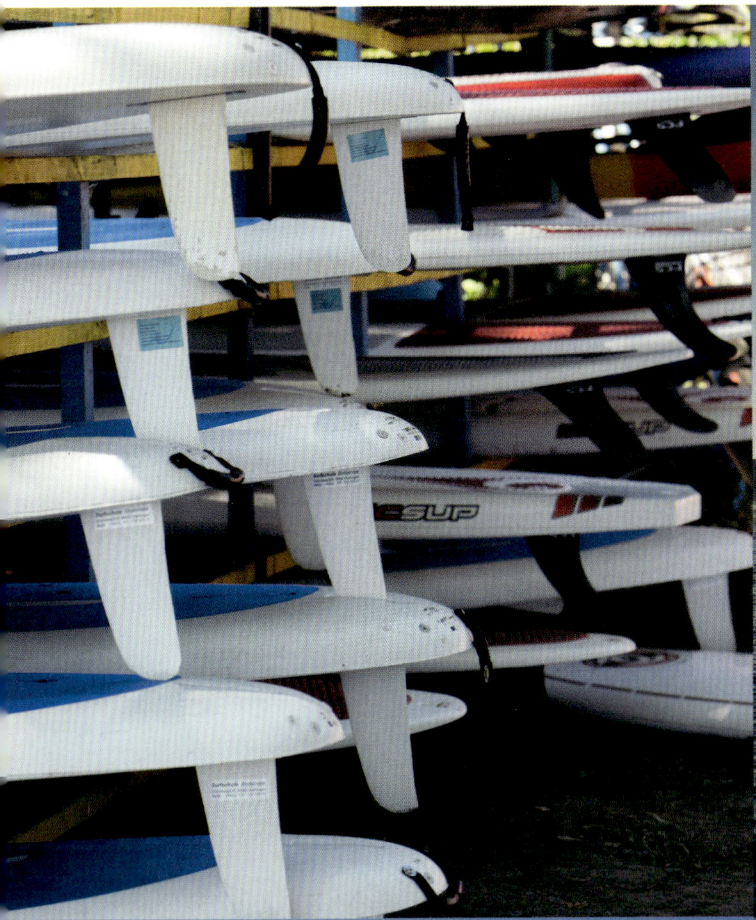

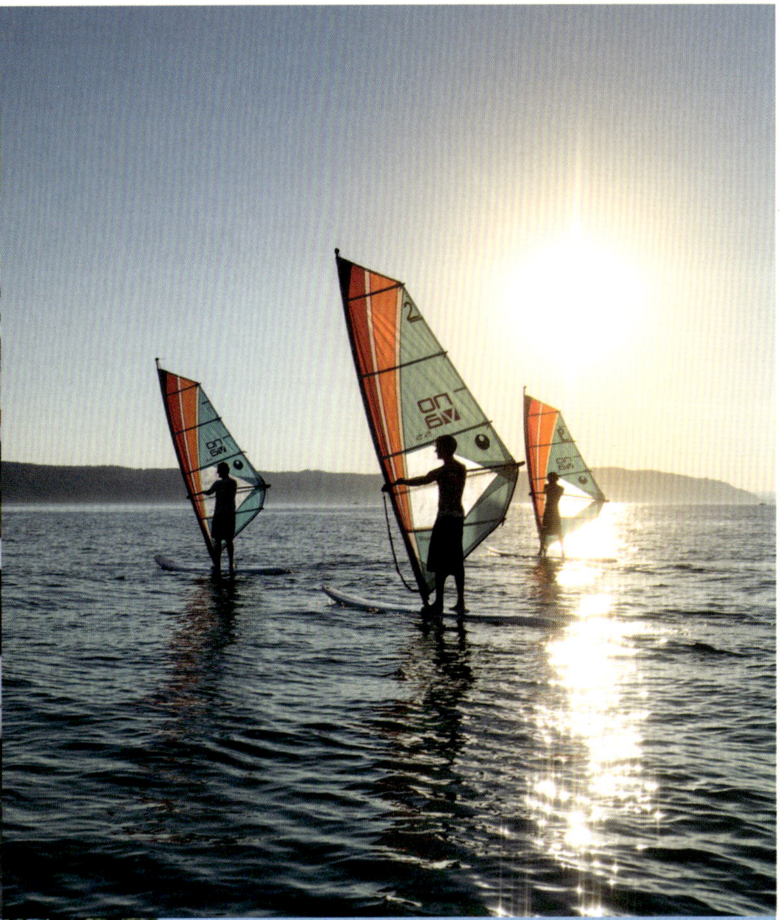

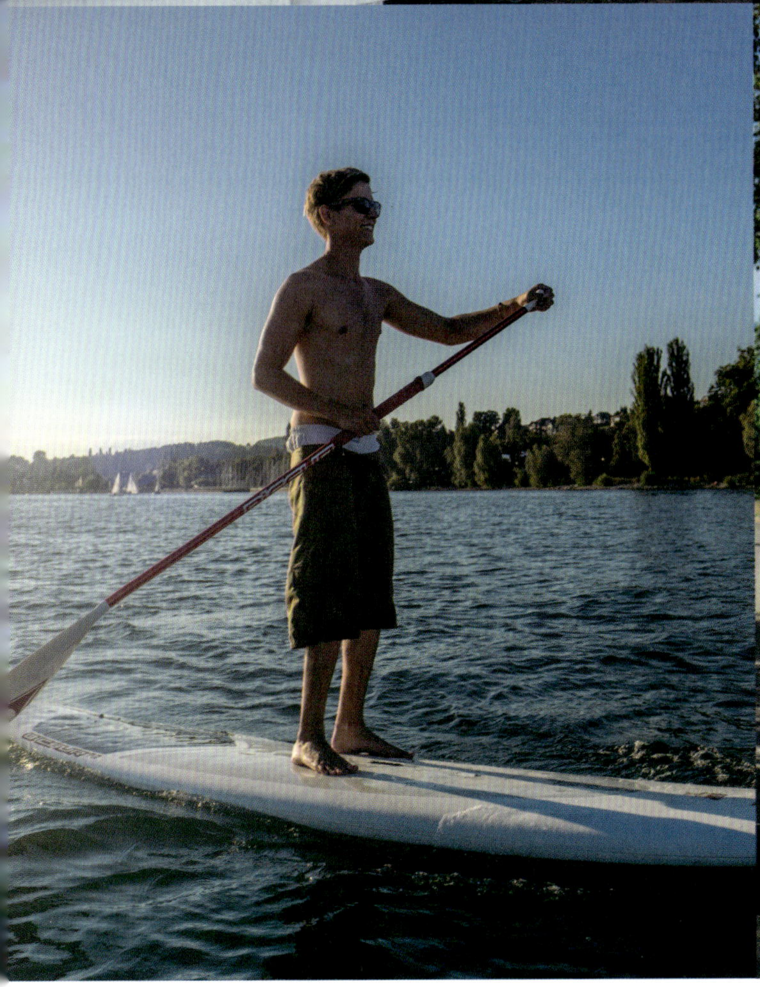

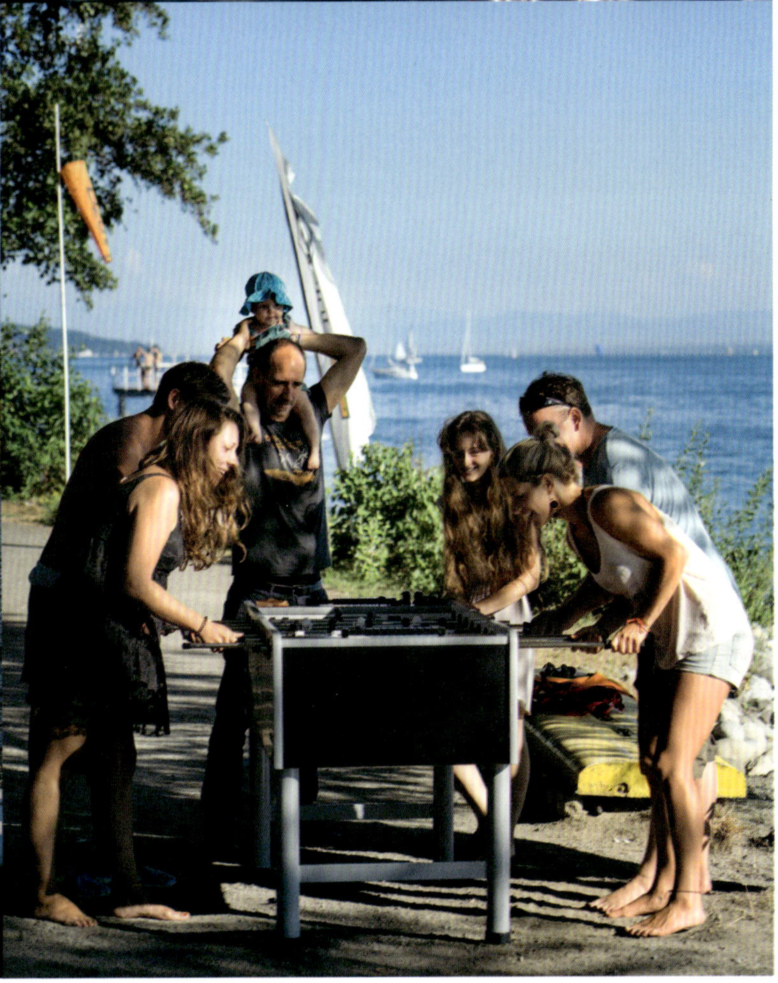

Der Charme historischer Fachwerkhäuser

Liebevoll sanierte **Fachwerkhäuser** *sind rund um den* **Bodensee** *zu finden. Eine Entdeckungsreise ist immer schön – ob zu Fuß oder mit dem Fahrrad.*

Die in Mischbauweise errichteten Häuser sind oft Zeugen mittelalterlicher Vergangenenheit. Sie erfreuen sich heutzutage nach wie vor großer Beliebtheit. Tipp: Wer auf dem Bodenseeradweg unterwegs ist, kommt an vielen wunderschönen Fachwerkhäusern vorbei und findet dabei die eine oder andere tolle Einkehrmöglichkeit.

Bio-Haus in Lindau

· Sonja & Familie ·

REFUGIUM MIT KREATIVER ENERGIE

Sonja zieht gerne um, weil sie die Lebendigkeit mag, die neue Räume mit sich bringen. Momentan wohnt sie in einem Bio-Haus aus Holz, Lehm und Glas.

LINKE SEITE: Sonja probiert gerne immer wieder neue wohnliche Gestaltungsmöglichkeiten aus.

DIESE SEITE: Eine Wand voller persönlicher Erinnerungen und Geschichten im offenen Esszimmer.

HELLE, LICHTE RÄUME SIND WOHNLICHE STIMMUNGSMACHER

Das Haus in Lindau vermittelt das Gefühl, im Urlaub zu sein. Von allen Räumen führen Türen nach draußen, überall hängen Badetücher und Schwimmsachen. Mit dem Rad sind es nur wenige Minuten bis zum See, aber hier ist man in einer ganz anderen Welt. Umgeben von Bäumen und Wiesen, liegt das Haus fernab des städtischen Trubels, aber doch nahe genug, um schnell mittendrin zu sein. Das hat Sonja von Anfang an begeistert, nachdem sie zuvor auf der belebten Insel Lindau gewohnt hatte und sich ein ruhigeres Zuhause für sich und ihre beiden Kinder wünschte. Fündig geworden ist sie durch eine Zeitungsanzeige – und da die »Chemie« zwischen ihr und dem Hausbesitzer sofort stimmte, hatten die anderen 158 Bewerber das Nachsehen. Das Haus ist eines von ≫

LINKS: Dank der vielen Fenster ist auch die Küche des Hauses ein sehr heller Ort. Sonja hat sie selbst geplant und zusammengestellt, da sie Einbauküchen von der Stange ganz schrecklich findet. **RECHTE SEITE:** Eine traumhafte Lage mit Bergpanorama. **RECHTS UNTEN:** Der alte Klapptisch stammt von einem Flohmarkt in Genua, die Schale darauf gehörte Sonjas Großmutter. Am Küchenbord hängen griffbereit Tassen, Backformen und Schüsseln, da Sonja es liebt, die Dinge unmittelbar erleben zu können.

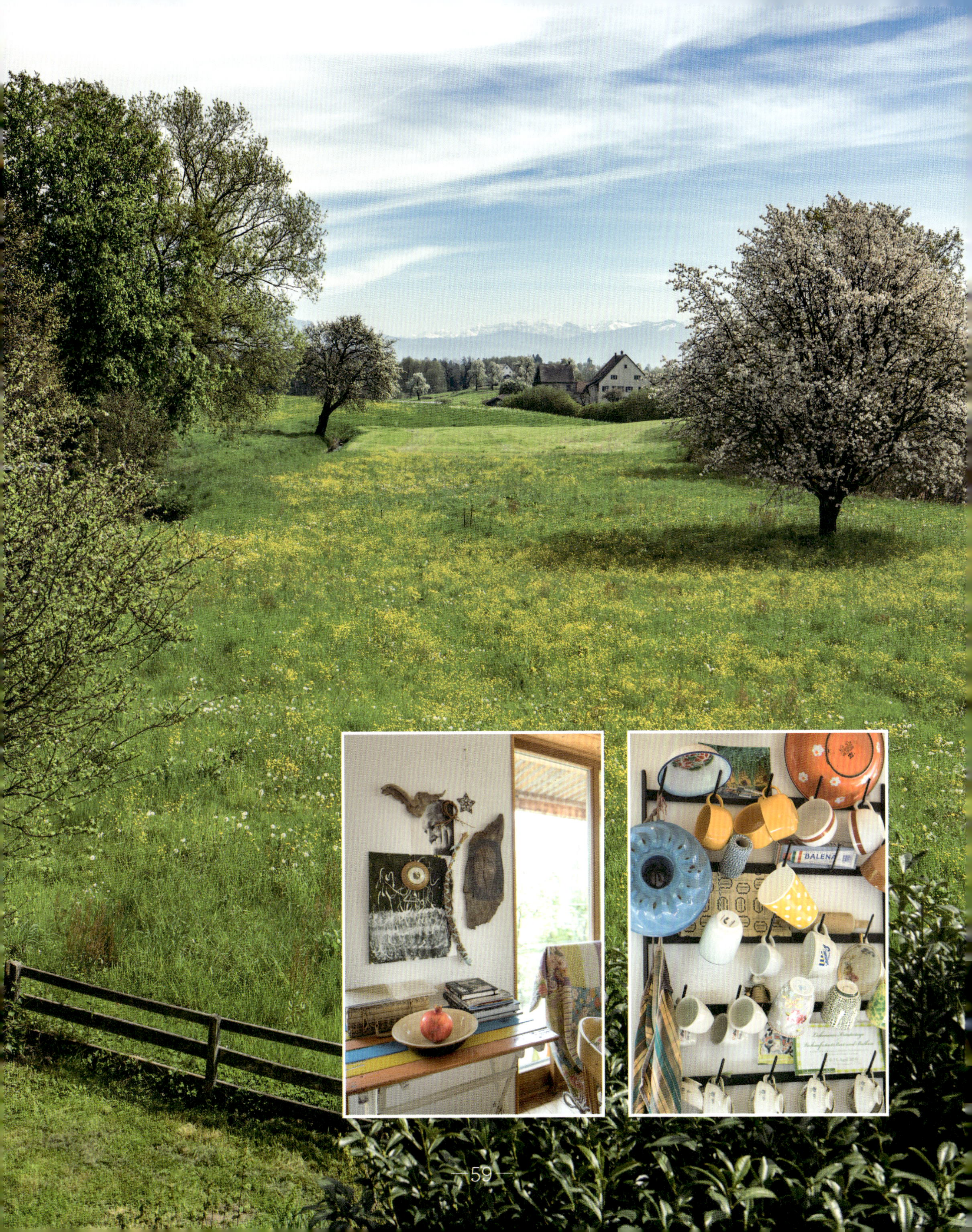
BALENA

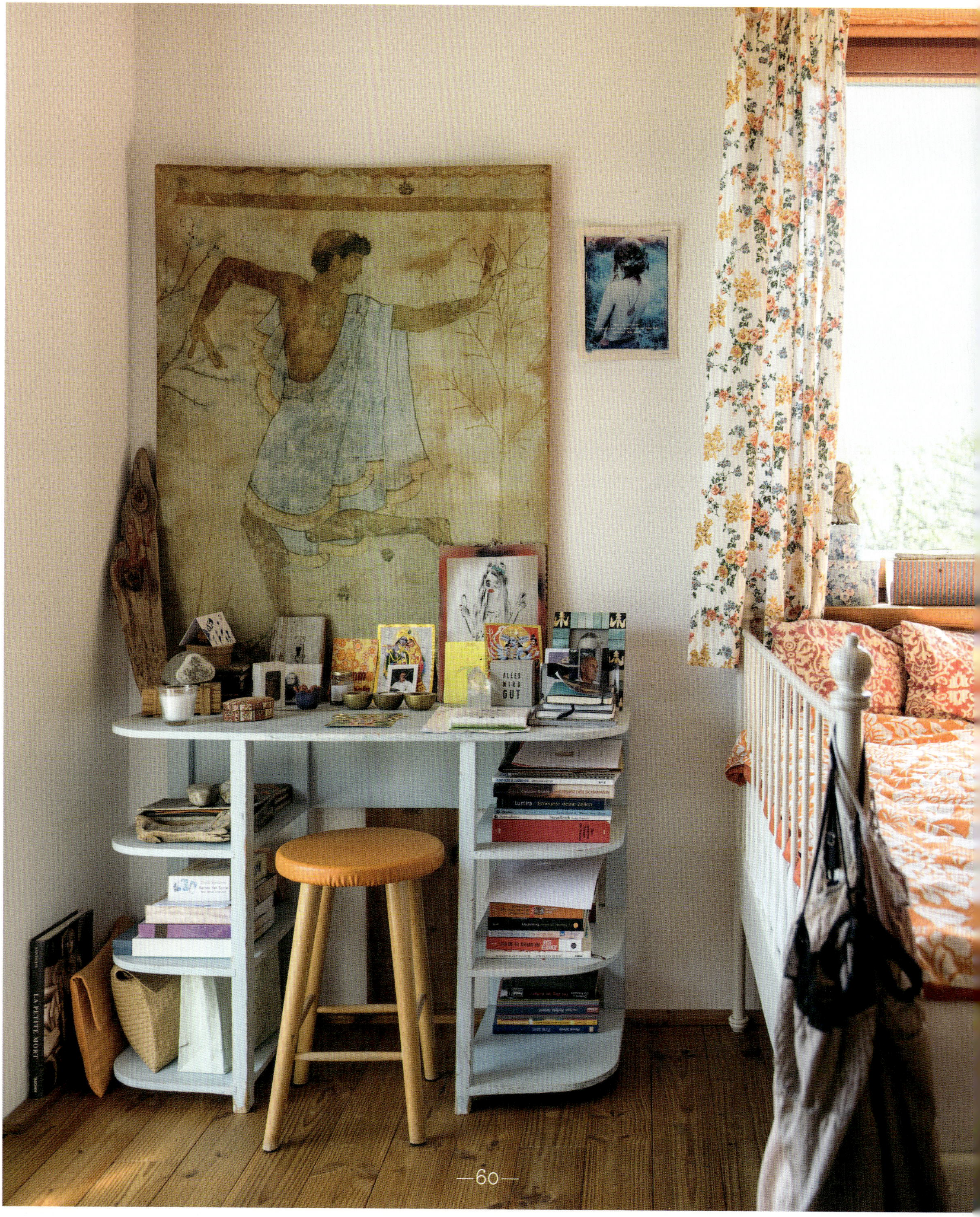
ALLES
WIRD
GUT
LA PETITE MORT

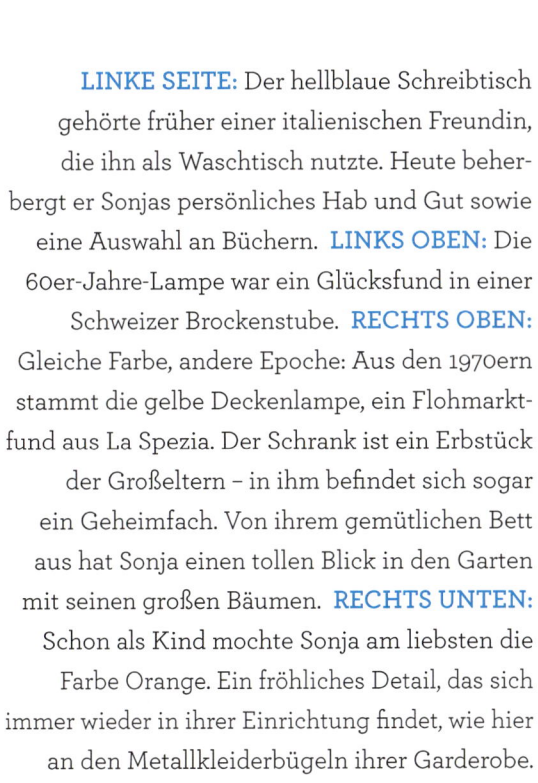

LINKE SEITE: Der hellblaue Schreibtisch gehörte früher einer italienischen Freundin, die ihn als Waschtisch nutzte. Heute beherbergt er Sonjas persönliches Hab und Gut sowie eine Auswahl an Büchern. LINKS OBEN: Die 60er-Jahre-Lampe war ein Glücksfund in einer Schweizer Brockenstube. RECHTS OBEN: Gleiche Farbe, andere Epoche: Aus den 1970ern stammt die gelbe Deckenlampe, ein Flohmarktfund aus La Spezia. Der Schrank ist ein Erbstück der Großeltern – in ihm befindet sich sogar ein Geheimfach. Von ihrem gemütlichen Bett aus hat Sonja einen tollen Blick in den Garten mit seinen großen Bäumen. RECHTS UNTEN: Schon als Kind mochte Sonja am liebsten die Farbe Orange. Ein fröhliches Detail, das sich immer wieder in ihrer Einrichtung findet, wie hier an den Metallkleiderbügeln ihrer Garderobe.

*Farbenfroher Stilmix

JEDE MENGE PLATZ FÜR FAMILIE UND LIEBE FREUNDE

vielen in Sonjas Vergangenheit. »Ich ziehe gerne und häufig um, das gefällt mir«, gesteht Sonja, die seit 20 Jahren als Einrichtungsberaterin tätig ist. Für sie werden mit dem Gestalten neuer Wohnräume immer wieder andere Energien frei. An ihrem jetzigen Bio-Haus gefällt Sonja vor allem, dass es nach allen Himmelsrichtungen offen und das Ambiente entsprechend hell ist. Bei ihrem Interieur legt sie großen Wert auf Authentizität. »Jeder hat viele Dinge, die ihm etwas bedeuten, die sollte man nicht in Schränken verstecken, sondern offenherzig zeigen. Das macht Wohnen für mich individuell – und das finde ich sehr wichtig.« So gestaltet Sonja immer wieder Bereiche mit lieb gewonnenen Gegenständen. Da gibt es zum Beispiel eine Wand im Esszimmer, an der sie ein buntes Sammelsurium aus Fotos, Bildern und Keramikobjekten ausstellt. Das Schlafzimmer beherbergt ebenso viel Persönliches. »Jeder sollte sich in seinem Zuhause wiederfinden«, sagt Sonja, die sich an den Details und Geschichten ihrer Möbel erfreut, und deren eigene Lebendigkeit sich überall in ihrer Einrichtung widerspiegelt. Da sie gerne kocht, ist die Küchenplanung für sie ebenfalls von großer Bedeutung. Auch hier ist alles offen gestaltet, denn Sonja »will gerne direkt mit den Dingen kommunizieren«.

OBEN: Die architektonisch spannende Frontseite des Bio-Hauses, umgeben von einem idyllischen Gartengrundstück. **RECHTE SEITE:** Den großen massiven XXL-Holztisch, an dem leicht zehn bis zwölf Personen Platz finden, fertigte Sonjas Vater aus einem Stück Baumstamm. Er steht immer im Freien an einem sonigen Ort.

—63—

Salon
Moderne
Patterns
Muster in
Design,
Kunst und
Architektur

EIN PARADIES FÜR ENTDECKER

In Bregenz, direkt am See, findet man »Schoscha«, den Einrichtungsladen von Sonja Messing, in den wunderbaren Räumen der alten Villa Mauthe.

LINKE SEITE: In Sonjas Laden gibt es ausschließlich Originale, jedes Möbel hat seine Geschichte. **EINS:** Die beiden orangefarbenen Panton Chairs sind ein toller Blickfang im Eingangsbereich, den noch zwei Schwimmreifen zieren. **ZWEI:** Den alten Chai-Glasträger haben liebe Freunde aus Indien mitgebracht. Er steht auf einem Designerstuhl aus Amsterdam. **DREI:** Einer der fünf schönen »Schoscha« Räume – hier gibt es viel zu entdecken!

> »Alle Dinge, die es in meinem Laden zu kaufen gibt, sind mit Liebe handverlesen.«

RECHTE SEITE: Sonja bietet auch tolle Mode an. **EINS:** Die Kunst liegt hier im Detail. **ZWEI:** Französische und italienische Köstlichkeiten warten auf Gourmets. **DREI:** Der Seiteneingang des Ladens, mit einer Eisdiele in der Nachbarschaft. **VIER:** Im Flur liegt ein originaler schwarz-brauner Steinboden, in den sich Sonja sofort verliebte.

Betreten konnte man die Villa Mauthe vor der Eröffnung des Einrichtungsladens »Schoscha« nicht, da sie sich in Privatbesitz befindet. Sonja Messing überlegte jedoch seit Jahren, welches Konzept gut zu dem stattlichen Gebäude passen könnte, da sie Gefallen daran gefunden hatte. Als sie die Besitzerin eines Tages persönlich kennenlernte, hatte sie Glück: Ihre Idee, ein Geschäft in den unteren Räumen der Villa zu eröffnen, gefiel der Eigentümerin. »Das Wort Schoscha soll Lebendigkeit und Nachhaltigkeit ausdrücken – hier gibt es schließlich nur Originale zu kaufen«, sagt Sonja, die sich vorwiegend in Italien und Skandinavien nach neuen Stücken umschaut, die zu ihrem Konzept passen. »Ich möchte Dinge anbieten, die nicht jeder hat. Am schönsten ist der Gedanke, dass die Möbel Generationen überstehen.« So gibt es im Laden sogar Designermode aus Lissabon und Barcelona, die außerhalb der Herkunftsländer sonst nicht oft zu finden ist. Sonja steht in engem Kontakt zu vielen Händlern im Ausland, die genau wissen, wonach sie sucht. Häufig fährt sie mit ihrem Kleintransporter nach Italien und schaut sich Sachen direkt vor Ort an, da sie die Dinge erleben und ihre Geschichte hören möchte. Dabei stößt sie auch immer wieder auf Feinkostartikel, die sie zuerst selbst probiert, bevor sie in den Laden kommen. Kurz: »Schoscha« lädt zum Stöbern ein, zum Staunen und Genießen …

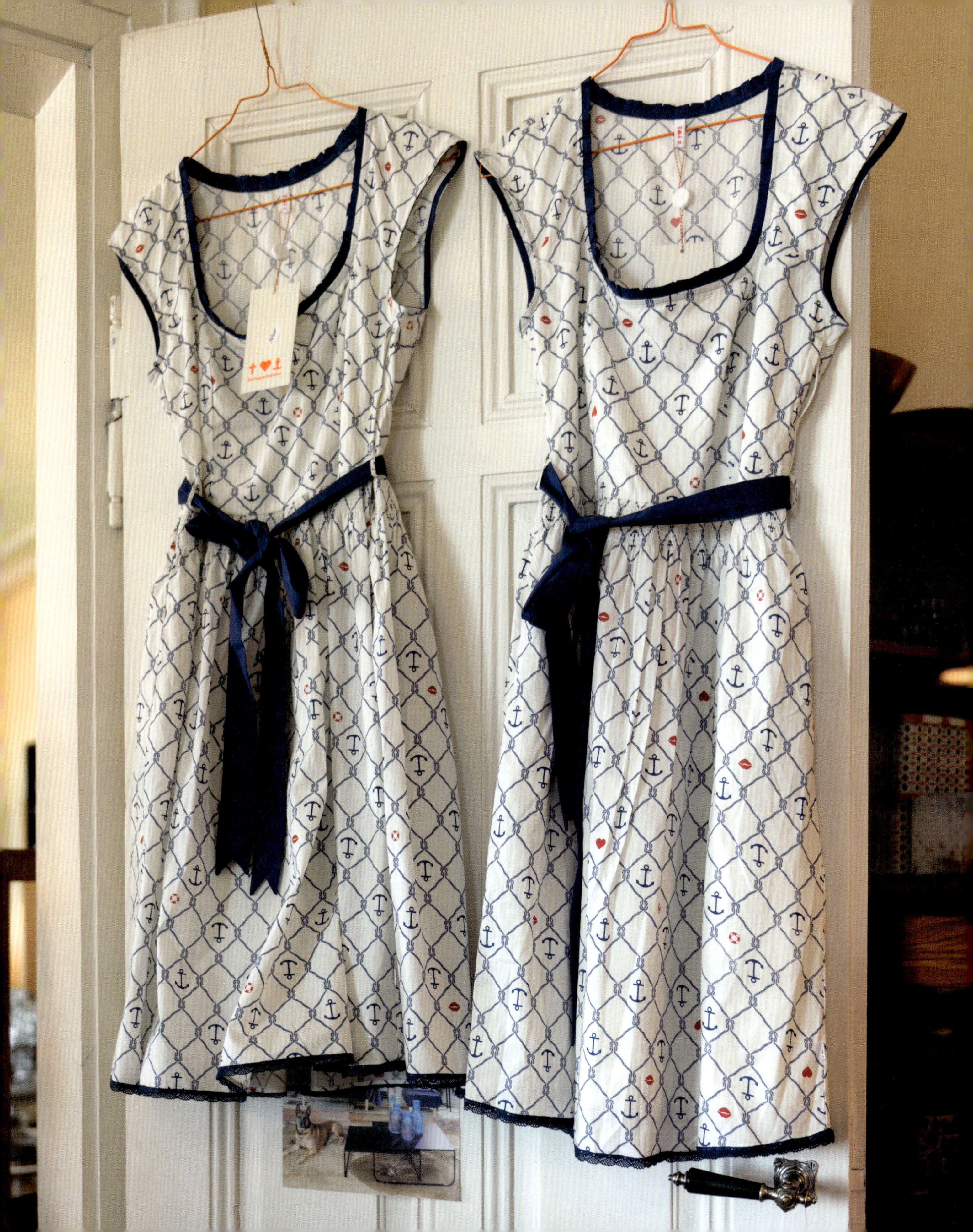

IMPRESSIONEN aus *Ermatingen*

Schon früh am Morgen mit den Fischern auf den See hinausfahren und in einen besonderen Tag starten.

Loft in Arbon
· Eva Maron ·

EIN ORT FÜR TRÄUME IN DER ALTEN FABRIK

Eva Maron erzählt in ihrem Loft Geschichten durch die ungewöhnliche Kombination von Gegenständen, die sie in einen anderen Kontext setzt.

LINKE SEITE: Eva setzt gerne ein Statement mit unterschiedlichen Eyecatchern. **DIESE SEITE:** Das gemütliche graue Sofa zählt zu den wenigen neu gekauften Möbeln in Evas Refugium – sie ist lieber von extravaganten Flohmarkt-Funden umgeben.

DIESE SEITE: Ein Lieblingsmöbel: Die Werkbank gehörte Evas Urgroßvater. Nach dessen Tod wollte sie niemand haben. Eva wusste jedoch gleich, wo sie stehen sollte und freut sich nun über das Erinnerungsstück. **RECHTE SEITE:** Bücher und Flohmarktfunde als Deko-Objekte.

Der Weg zum Loft ist ungewöhnlich. Wer möchte, kann ein Museum durchqueren und kommt dabei an den historischen Fahrzeugen und Textilmaschinen der ehemaligen Saurer-Werke vorbei. Das ist der kürzeste Weg für Eva von ihrem Arbeitsplatz, dem Hotel »Wunderbar«, nach Hause. Für private Besucher, die es weniger abenteuerlich mögen, gibt es einen ganz normalen Hauseingang. Das neun mal zehn Meter große Wohnareal befindet sich auf dem gleichen Gelände wie das Hotel, das Eva zusammen mit Simone Siegmann in Arbon führt. Eva, ursprünglich gelernte Gestalterin und Schauspielerin, kam nach einigen Jahren in Berlin zurück in die Schweiz. »Ich war an einem Punkt im Leben angekommen, an dem ich mich fragte, was ich wirklich machen will«, erinnert sich Eva. Sie unterrichtete Theater und Gestaltung, als sie Simone traf. Diese erzählte ihr von ihrer Idee, ein Hotel auf dem Industriegelände der früheren Saurer-Werke zu eröffnen. »Wir kannten uns zwar zuvor, waren aber nicht eng befreundet«, so Eva. »Durch das Projekt haben wir jedoch glücklicherweise zusammengefunden.« Für die Renovierung des Hotels übernahm Eva die Bauleitung – eine Herausforderung, die gleichzeitig ihrer Freude am Gestalten, Verändern und Inszenieren entsprach. Das sieht und das spürt man aber nicht nur im Hotel, sondern auch in jeder Ecke ihres privaten Wohndomizils. Die vielen kleinen Arrangements sind Ausdruck von Evas Lebensfreude und erinnern auch immer ein wenig an ihre Schauspielvergangenheit. Ihr Stil ist ein bunter Mix, der sich durch verschiedene Epochen und Themenbereiche zieht. Eva setzt Dinge oft in einen anderen Kontext, so wird eine Leiter zur Garderobe, die alte Werkbank des Urgroßvaters zum Büchertisch. »Ich hatte Glück, dass ich dieses Loft gefunden habe – das ganze Industrie-Areal hat einen so wunderbaren Charme! Und nachdem wir unser Hotel-Konzept umsetzen konnten, war ich froh, in unmittelbarer Nähe auch noch einen so tollen privaten Lebensraum zu haben.« Um die Öffentlichkeit auf das Hotel aufmerksam zu machen, ließ Eva als »erstes Statement« ein altes Bett in einem großen Baum in unmittelbarer Nähe aufhängen. Eine Aktion, die nachhaltig Wirkung zeigte und das Interesse der Passanten weckte. Im Loft braucht höchstens Katze Mimi Aufmerksamkeit. In der Mitte des Lofts steht ein großes, weißes Zelt, unter dem sich Evas Bett befindet. »Mein Traumzelt ist ein Ort, an dem ich meine Gedanken ≫

DIE LUST ZU INSZENIEREN *FINDET SICH IN JEDEM WINKEL DES LOFTS WIEDER*

OBEN LINKS: Farblich mit anderen Arbeitsutensilien abgestimmt, zeigt sogar das karierte Küchentuch Wirkung. Ansonsten kombiniert Eva auch gerne Gegensätzliches miteinander. **OBEN RECHTS:** Das Loft ist ein sehr kommunikativer Ort. Ein kleiner Snack für Freunde ist immer schnell zubereitet. **RECHTE SEITE:** Um das große Wohnareal zu strukturieren, befindet sich Evas Bett auf einem Podest in der Mitte des Raumes – es ist ein persönlicher Rückzugsort. Die alten Rohre und Fabrikfenster sind Originale, um die Eva oft beneidet wird.

DAS LOFT BIETET EIN **BESONDERES RAUMGEFÜHL** *UND VIELE MÖGLICHKEITEN,* **LEBENSWELTEN** *NEU ZU GESTALTEN.*

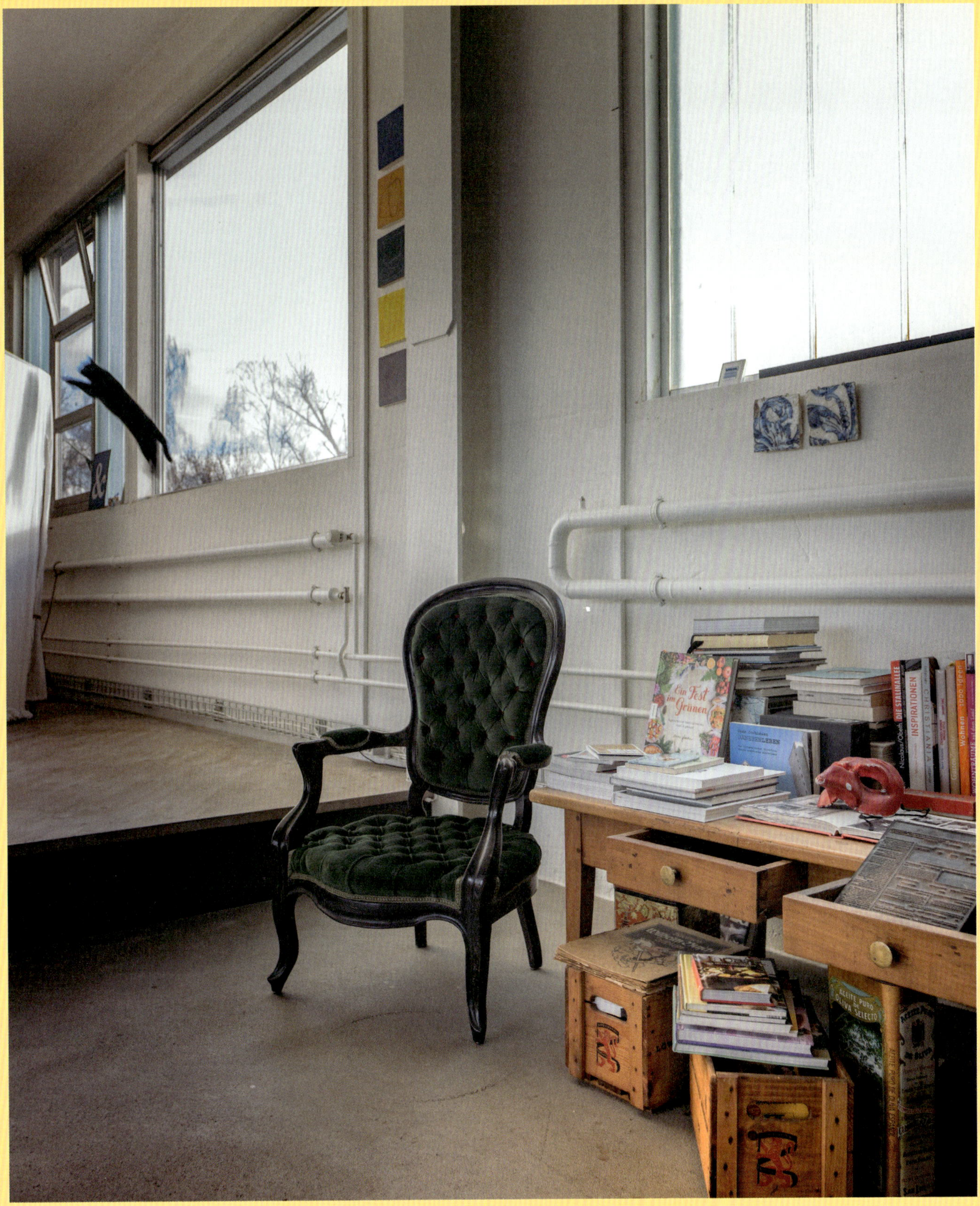

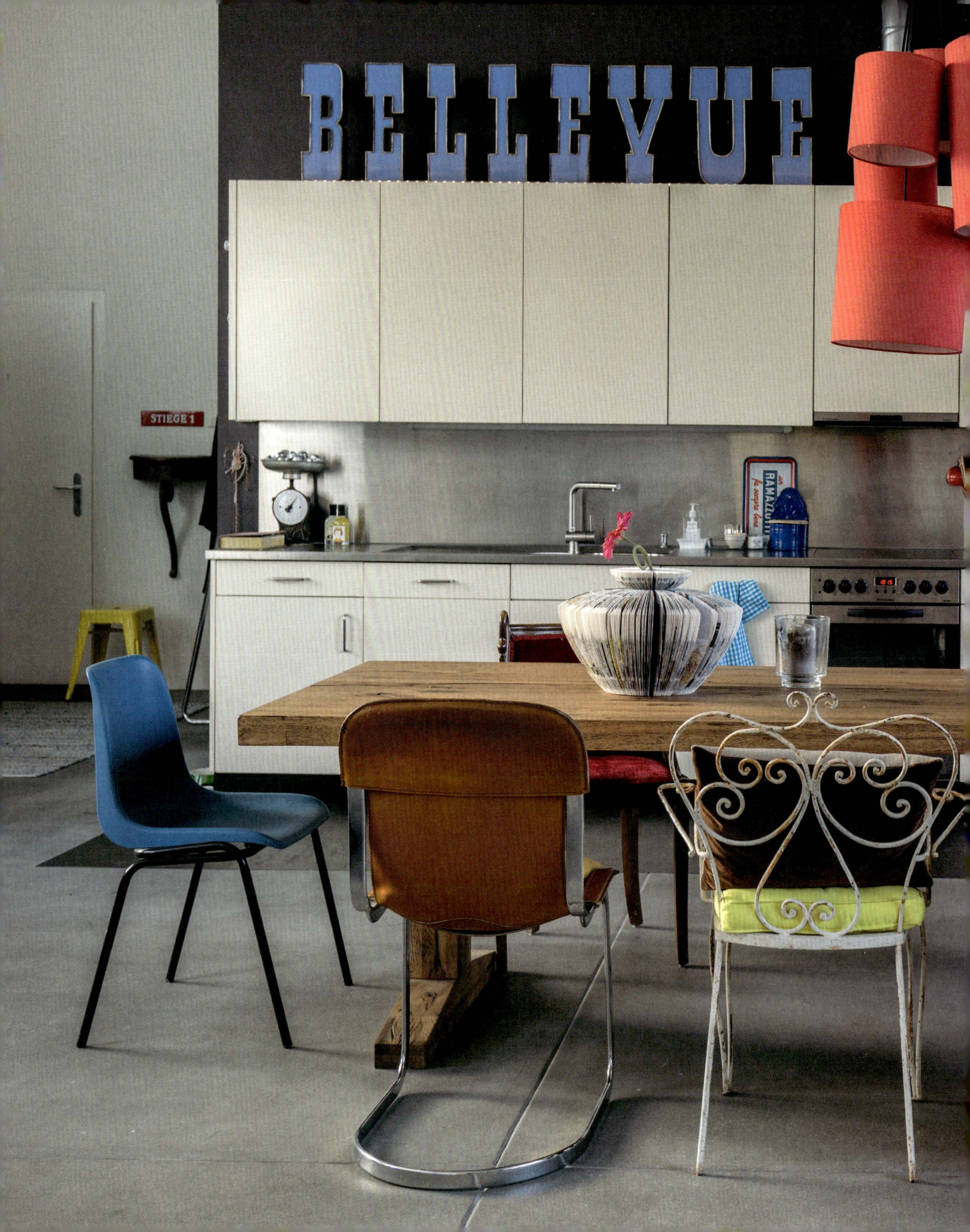
BELLEVUE
STIEGE 1

Voller Erinnerungen

Eva bezeichnet das Arrangement als »Lebensstuhl-Sammlung« – jeder steht für eine andere Lebensphase. Einige Stühle stammen aus Schweizer Brockenstuben.

MIT SCHÖNEN FLOHMARKTFUNDEN
WIRD DAS SZENARIO ERST LEBENDIG

schweifen lassen kann«, berichtet Eva. Weit gereist ist sie und schon oft umgezogen. Eine Tatsache, die sich auch in ihrem stilvollen Interieur widerspiegelt. »Viele Sachen habe ich schon sehr lange in meinem Gepäck, nach und nach ist dann immer wieder etwas Neues dazu gekommen.« Eva mag am liebsten Möbel mit Geschichte, zumal sie selbst eine gute Geschichtenerzählerin ist. Sie schätzt den Überraschungsmoment beim Einrichten und sprudelt nur so vor neuen Ideen: »Wenn man Dinge miteinander kombiniert, die eigentlich nichts miteinander zu tun haben, regt man zum Nachdenken an – und noch viel wichtiger: Man ruft oft ein Schmunzeln beim Betrachter hervor.« Dass Eva durch ein Museum gehen kann, um nach Hause zu kommen, entspricht darum sehr ihrem Sinn für Humor. Witzig sind auch die alten Heizungsrohre. Sie werden von Eva unmittelbar miteinbezogen und als Pinboards oder Regale genutzt. So ist das Loft in seinem Erscheinungsbild ein farbenfroher, lebendiger Ort, an dem nie Langeweile aufkommt. Eva wird nicht nur hier und im Hotel weiter planen und ihrer Kreativität freien Lauf lassen, sie arbeitet bereits an weiteren Konzepten für neue Hotels, die, so wie das »Wunderbar«, etwas ganz Besonderes sein werden.

LINKS: Die Klappleiter hat als Kleiderständer eine neue Aufgabe bekommen. Praktischen Stauraum bieten alte Koffer. **EINS:** Ein bisschen wie auf Safari: Evas Bett im »Traumzelt«. **ZWEI:** Der Metallspind erinnert daran, dass das Loft früher Teil einer Lagerhalle war. **DREI:** Die alten Heizungsrohre dienen als witzige Pinboards für Notizen und Klebezettel. **VIER:** Eva hatte bei den liebevollen Stillleben die Hand im Spiel – vieles davon stammt aus ihrem persönlichem Fundus.

① ② ③ ④

LINKE SEITE: Die schlichte Ausstattung wird von Farbakzenten untermalt. Die Kunst an den Wänden stammt aus Simones großer Sammlung. **EINS:** In der Typografie findet sich das Einrichtungskonzept wieder. **ZWEI:** Kommode und Blumen harmonieren perfekt. **DREI:** Wer mag, kann ein paar Zeilen auf der alten Schreibmaschine tippen. **VIER:** Der Tisch wurde vom örtlichen Schreiner extra angefertigt.

Ganz Wunderbar!
Früher eine Kantine, heute Hotel

In Arbon zeigt das Konzept des Hotels »Wunderbar« auf charmante Weise, was ein altes Fabrik-Areal bieten kann.

Einem Hund ist zu verdanken, dass es das Hotel »Wunderbar« in Arbon gibt – etwas zumindest. Simone Siegmann, eine der beiden Geschäftsführerinnen, entdeckte das Gebäude der ehemaligen Saurer-Werke direkt am See beim Gassi gehen. Sie steckte mit ihrer Begeisterung Eva Maron an, eine langjährige Freundin. Simone kommt aus der Hotel-, Eva aus der Künstlerbranche – ein spannendes Duo also. Gemeinsam entwickelten sie ein Konzept, auf dessen Umsetzung sie zwei Jahre warten mussten, da organisatorische Hürden zu überwinden waren. Das Hotel befindet sich in einer ehemaligen Fabrikkantine, ein 40er-Jahre-Bau, in dem bis zu 1.500 Essen pro Tag ausgegeben wurden, in Zeiten, in denen sich Arbeiter nach Schichten ein Bett teilten. In viel Eigenregie wurde ein halbes Jahr renoviert und entdeckt – im wahrsten Sinne des Wortes. So kam zum Beispiel der alte Buchenboden unter grässlichen Linoleumschichten zum Vorschein. Viele Möbel wurden vom lokalen Schreiner angefertigt. »Wir wollten alles so reduziert wie möglich«, so Eva, »und das auf eine sehr hochwertige Art und Weise.« Vervollständigt wird ihr Konzept durch abwechslungsreiche kulturelle Aktionen. Kein Wunder also, das man sich seit der Eröffnung 2010 überall erzählt, wie »wunderbar« das Hotel ist …

DIE GRÜNE INSEL IM BODENSEE

Die Mainau ist Sinnbild großartiger Blumenvielfalt. Hinter der schönen Kulisse stehen zukunftsweisende Visionen, die von den Inselbewohnern täglich gelebt und umgesetzt werden.

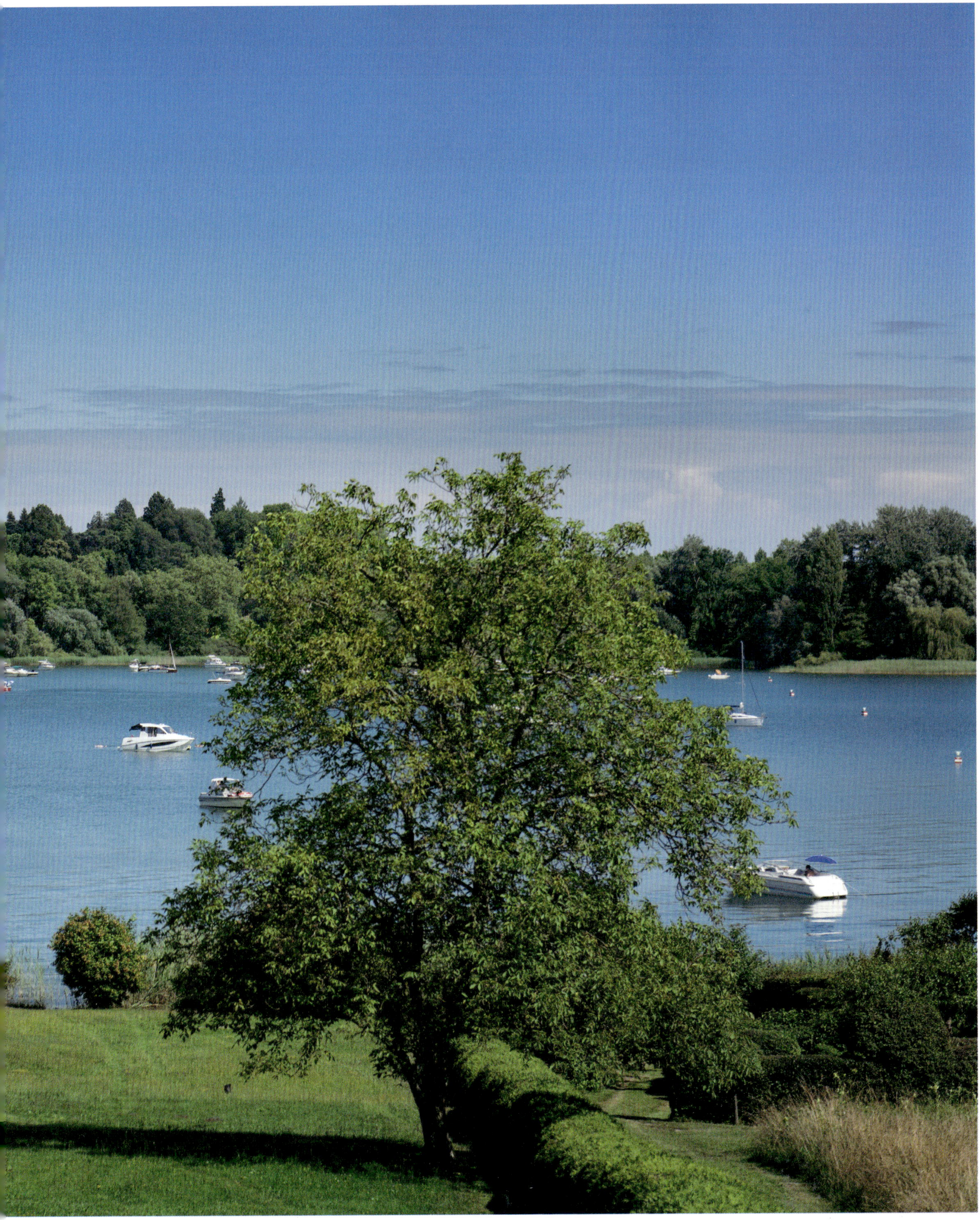

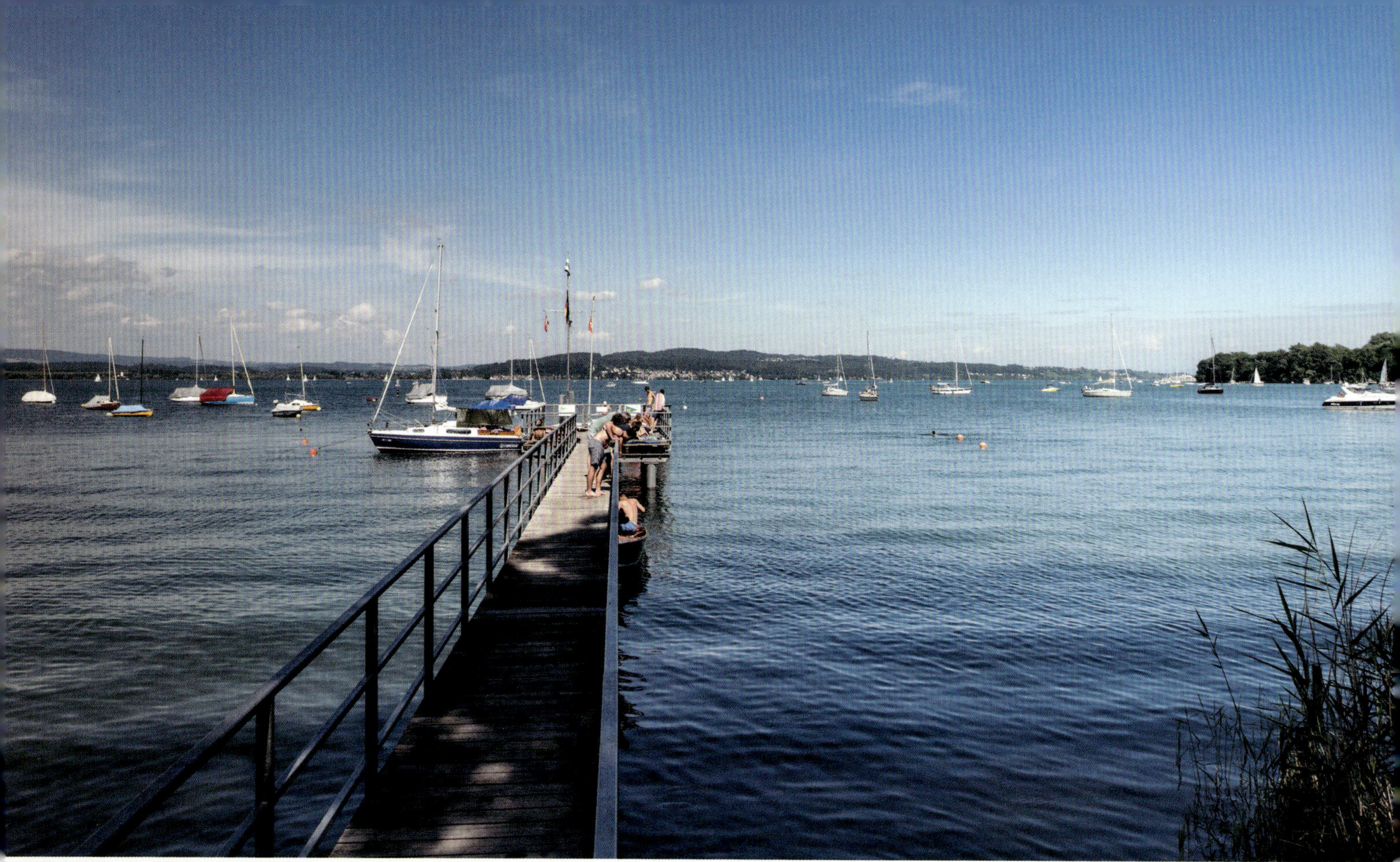
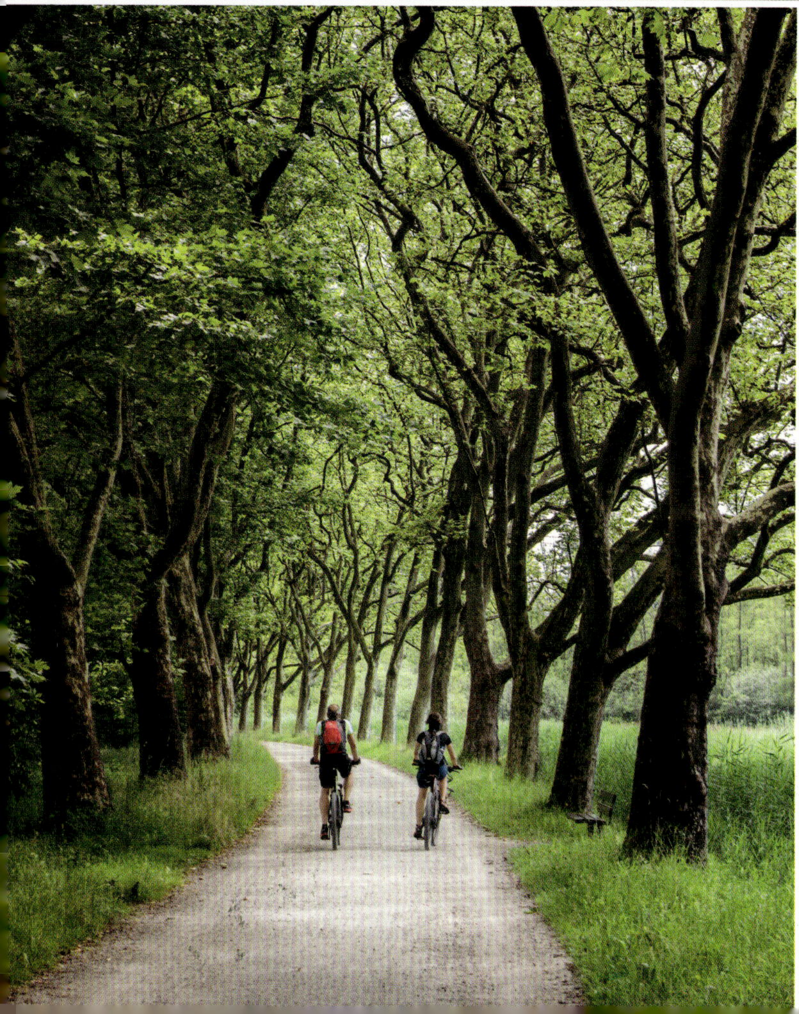
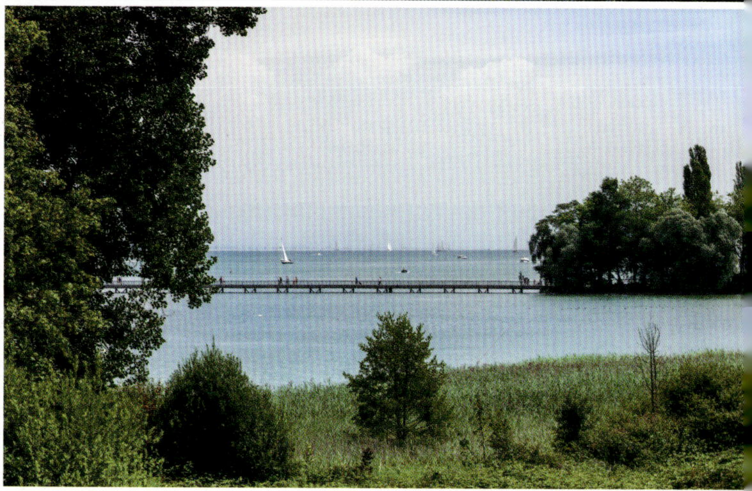
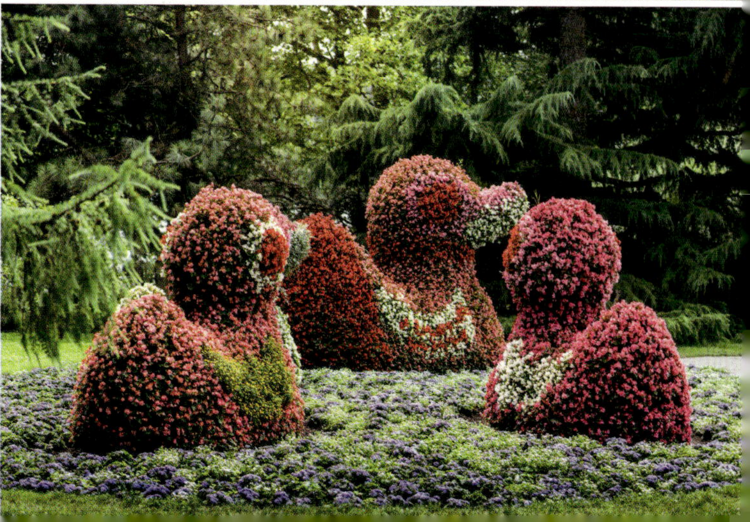

»In der Kindheit war die Insel vor allem ein Abenteuerspielplatz von 45 Hektar. Es gibt keinen Busch, den ich nicht kenne, keinen Baum, auf den ich nicht kletterte.«

Nachhaltigkeit für Region und Umwelt lautet ein Leitsatz der Mainau. Bereits 1961 hatte der damalige Inselherr Lennart Graf Bernadotte die »Grüne Charta« angestoßen, in der Umweltaspekte ins gesellschaftliche Interesse gerückt wurden. Die Familie Bernadotte führt heute mehr denn je diese Gedanken weiter und strebt auf der Insel eine Balance aus ökonomischen, ökologischen und sozialen Gesichtspunkten an. Björn Graf Bernadotte und seine Frau Sandra Gräfin Bernadotte leben und arbeiten auf der Mainau. Mit der »Grünen Schule« Mainau werden Kinder und Jugendliche an umweltrelevante Themen und deren Zusammenhänge herangeführt. Zudem gründete Gräfin Sandra, die wie ihr Mann Sozialpädagogik studiert hat, das »Café Vergissmeinnicht« auf der Insel, in dem sie mit bis zu 10 Jugendlichen arbeitet, die einen besonderen Förderbedarf haben. »Sie können hier in einem geschützten Rahmen Normalität erleben« und werden im liebevoll geführten Café in ihren Stärken gefördert. Ein Besuch dort ist auf jeden Fall lohnend!

VORHERIGE SEITE: Blick von Litzelstetten aus auf die Bucht bei der Insel Mainau. **LINKE SEITE:** Ein Ort voller Geschichte(n). Schon im 19. Jahrhundert entstand hier die erste Gartenanlage. Ein großer, uralter Baumbestand spendet selbst an heißen Tagen ausreichend Schatten – genauso wie die historische Allee, die Fahrradfahrer zur Mainau führt. **DIESE SEITE:** Trotz großer Besucherzahlen gibt es viele ruhige Orte jenseits des Trubels während der Hauptsaison.

Inselglück

> »ES IST ETWAS BESONDERES IM SCHLOSS ZU LEBEN. HIER IST ALLES GRÖSSER, ALS IN UNSEREM ZUHAUSE.«

OBEN: Das Ehepaar Bernadotte arbeitet auf der Mainau und lebt in einem Teil des Schlosses. Sie sind gerne unter den Besuchern, haben aber auch die Möglichkeit, sich in einen privaten Bereich zurückzuziehen. **LINKS:** Es gibt ausreichend Möglichkeiten für Groß und Klein, um regionale Spezialitäten und das einzigartige Ambiente der Insel zu genießen. **RECHTE SEITE:** Den Gäste wird eine zauberhafte Pflanzenvielfalt im Park geboten.

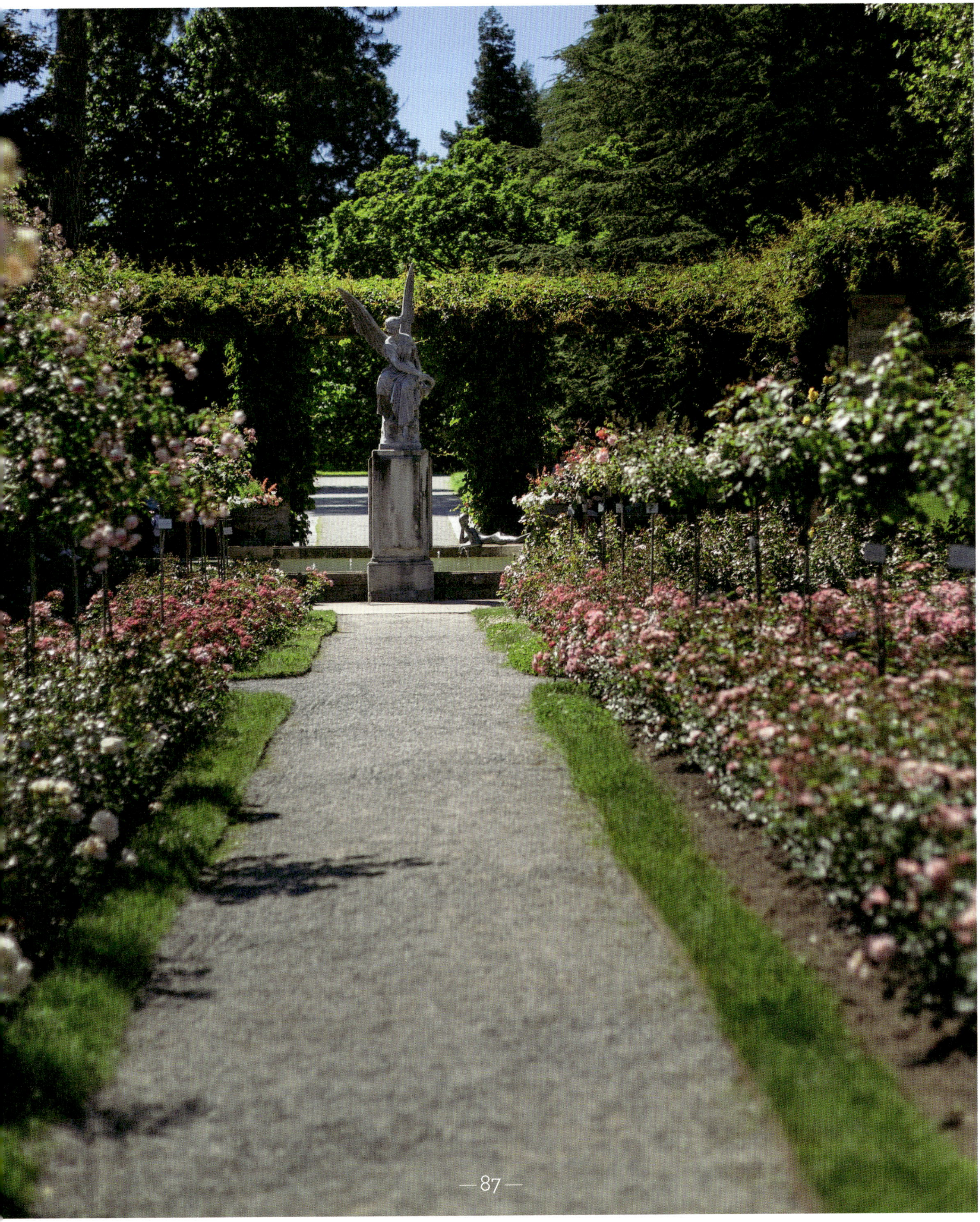

DAS BRENNEN GEHÖRT ZUM OBSTBAU DAZU

Die Bodenseeregion ist voller üppiger Obstplantagen. Es fällt schwer zu entscheiden, ob die Zeit der Blüte schöner ist oder die der farbenfrohen Erntezeit.

Brände aller Obstsorten finden sich in den vielen Hofläden und Verkaufsstellen rund um den Bodensee. Denn das Brennen von Schnaps gehört zum Obstbau einfach dazu – und Obst gibt es hier reichlich! Zur Schnapsherstellung werden aussortierte Früchte verwendet. Der entscheidende Teil der Arbeit beginnt jedoch bereits auf dem Feld. Für eine ideale Verarbeitung muss das Obst den optimalen Reifegrad haben und süß schmecken. Es wird nach der Ernte zerkleinert und gärt mit Hefe versetzt zwischen 18 Tagen und mehreren Monaten. Schnapsbrennerei erfordert viel Geduld und ist zudem mit einem großen Aufwand verbunden. Damit ein Destillat seine erwünschten Geschmacksnuancen erhält, muss es lagern. Kernobst etwa ein Jahr, Steinobst ein halbes Jahr länger. Die Hauptzeit des Brennens ist Anfang des Jahres, wenn die Maische der Früchte einige Zeit ruhen konnte. Das sind lange Tage für die Obstbauern, da sie sich an strenge Regeln halten müssen, wenn sie die Erlaubnis zum Brennen haben. Wer Glück hat, kann dabei zuschauen – danach schmeckt der Hochprozentige umso besser.

Apfelbäume so weit das Auge reicht. Ganz exakt scheinen sie aufgereiht zu sein und man mag kaum glauben, wie viele verschiedene Farbspiele es an einem einzigen Baum zu sehen gibt.

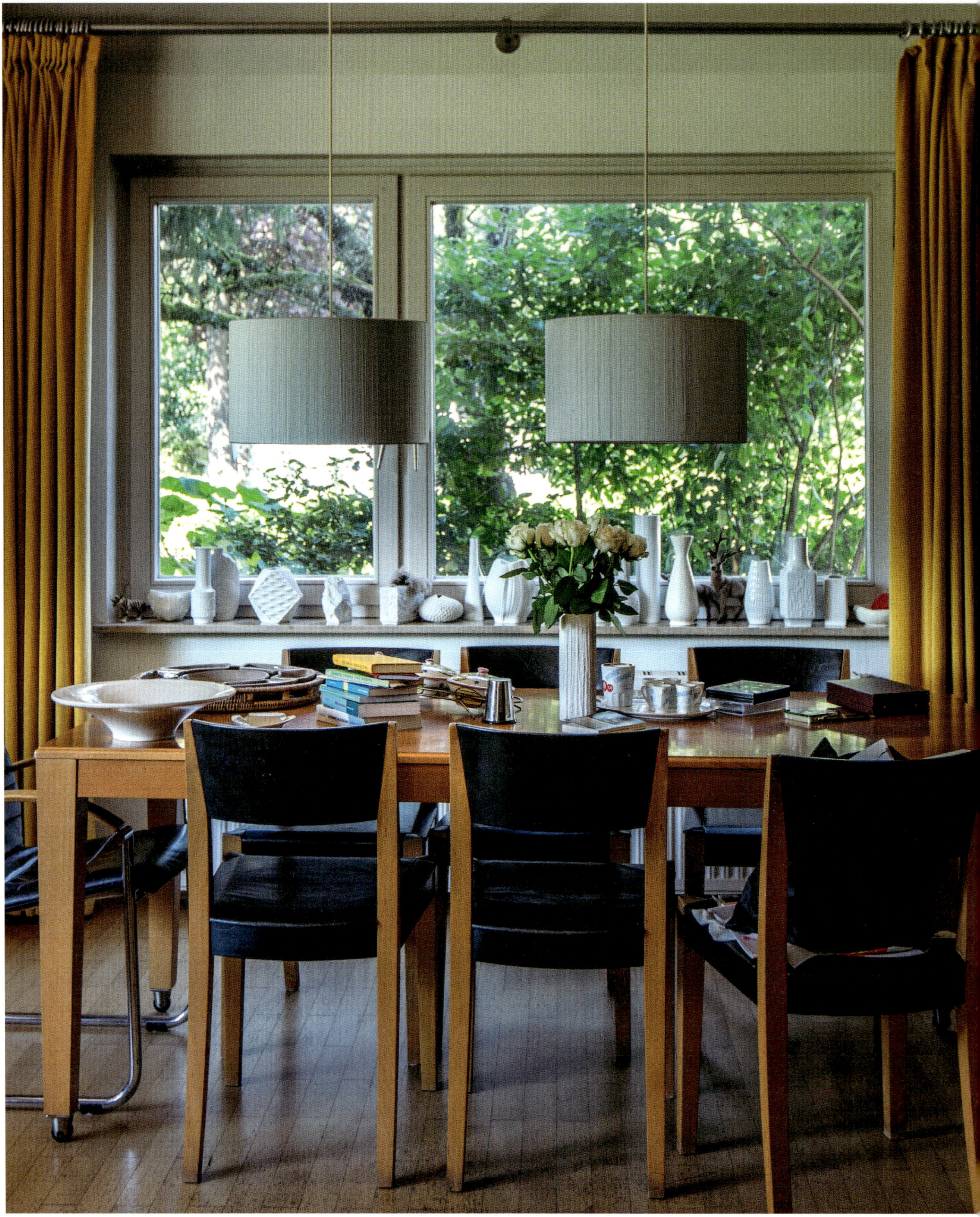

LINKE SEITE: Der Tisch von Poliform steht auf Rollen und kann nach Bedarf ausgezogen werden. Er zählt zu den wenigen Möbeln, die Berthold neu gekauft hat.
UNTEN LINKS: Das Bücheregal stammt ebenfalls von Poliform. **UNTEN RECHTS:** Eine Auswahl originaler 1950er-Jahre-Singles wartet auf ihren Einsatz in der Jukebox.

Haus in Langenargen
· Berthold ·

EIN LEBEN VOLLER SAMMELOBJEKTE

Berthold lebt in Langenargen in einem Haus, dessen Errichtung ihm vor über 40 Jahren missfiel, denn der Baulärm störte ihn sehr beim Lernen für sein Abitur. Heute ist er froh, dass es dieses Haus gibt.

Berthold mag verbindende Elemente. Im Design und im Leben. Als er sich in den 70er-Jahren über den Baulärm infolge eines Hausbaus aufregte, weil er in Ruhe fürs Abitur lernen wollte, konnte er nicht ahnen, dass dieses Haus 30 Jahre später für ihn zum Glücksgriff werden sollte. Aufgewachsen in Langenargen, nach dem Studium in Freiburg und nach kurzem Stopp in München, zog es Berthold zurück in die Heimat, wo er eine tolle Kindheit erlebt hatte. 2002 ergab sich dann die Möglichkeit, in Langenargen in genau das Wohnhaus zu ziehen, dessen Bau ihn einst so verärgerte. Das Gebäude liegt am Rande des Ortes in Richtung Lindau, nur fünf Minuten vom See entfernt. Die große Streuobstwiese hinterm Haus gehörte früher Bertholds Großvater und befindet sich nun auch wieder im Familienbesitz – die Wiese stand gleichzeitig mit dem Haus zum Verkauf. Als Kind der »

OBEN LINKS: Ein Plattenspieler im amerikanischen Design, für den es viel zum Abspielen gibt. **OBEN RECHTS:** Berthold sammelt auch Bücher aus den 50ern, da er deren Gestaltung hervorragend findet. **RECHTE SEITE:** Bequem und geschichtsträchtig: Die Repliken von Mies van der Rohe standen früher in der israelischen Botschaft in Zürich, bis sie Bertholds Freundin dort entdeckte und sie mitnehmen durfte.

*Fifties Style

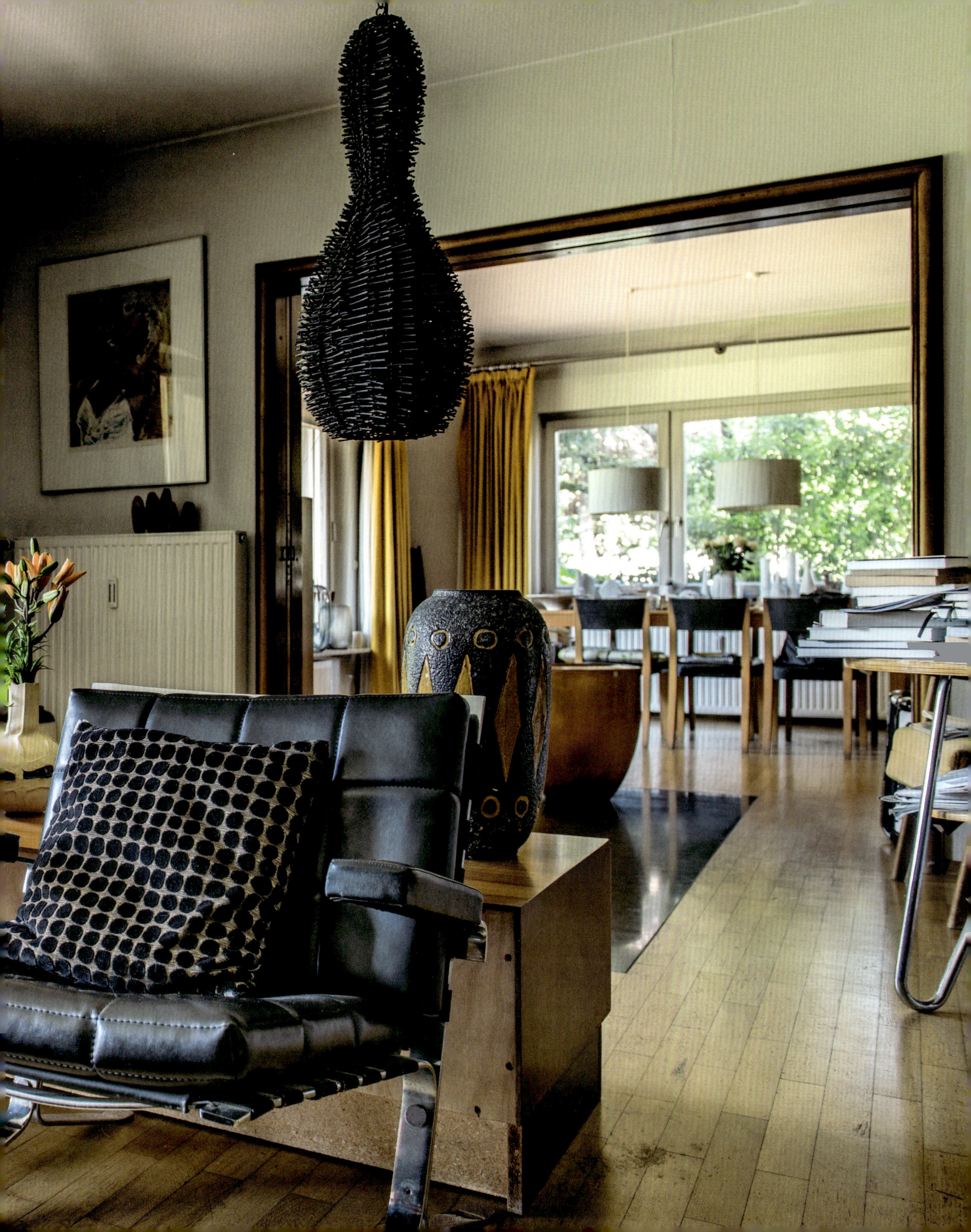

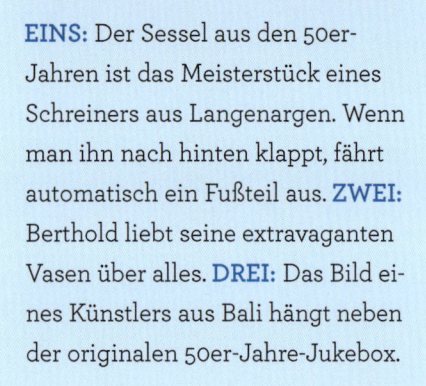

EINS: Der Sessel aus den 50er-Jahren ist das Meisterstück eines Schreiners aus Langenargen. Wenn man ihn nach hinten klappt, fährt automatisch ein Fußteil aus. **ZWEI:** Berthold liebt seine extravaganten Vasen über alles. **DREI:** Das Bild eines Künstlers aus Bali hängt neben der originalen 50er-Jahre-Jukebox.

»ALL MEINE MÖBEL HABEN IHRE EIGENE GESCHICHTE.«

RECHTS OBEN: Einer von Bertholds Lieblingen ist der royalblaue Knoll Sessel – eine Rarität!
RECHTS UNTEN: Ein Bild des Künstlers Friedemann Hahn hängt über der gemütlichen italienischen Ledercouch aus den 30er-Jahren. Sie war ein wahrer Glücksfund in einer Schweizer Brockenstube.

50er-Jahre hatte Berthold schon als junger Mann ein Faible für das Design dieser Zeit. Im Laufe der Jahre sammelte er immer mehr davon – auf Flohmärkten, in Schweizer Brockenstuben und in Second-Hand-Läden. »Mir gefallen die betagten Dinge einfach ungemein. Außerdem habe ich nichts gegen einen munteren Stilmix«, betont Berthold. Das »Augenzwinker-Design« gefällt ihm, es muss nicht alles konform miteinander gehen. Wichtig ist ihm, dass die Sachen einen Stil erkennen lassen. »Man muss ihnen das Besondere ansehen, wie bei vielen Einzelstücken meiner großen Vasensammlung«, erzählt er. »Und alles sollte eine Geschichte haben, die sich entweder auf das Design bezieht oder aber auf den jeweiligen Weg, der zum einzelnen Objekt führte.« Vor dem Einzug ins Haus musste viel verändert werden, denn »es war eine richtige Spießerwohnung«. Alte Perserteppiche wurden durch Holzdielen ersetzt, darüber hinaus verhalf das Entfernen der Kassettendecken den Räumen zu mehr Höhe. Die Möbel arrangiert Berthold nach Bauchgefühl. »Sie wachsen mit der Zeit zusammen«, sagt er. Objekte, die von früheren Reisen nach Asien stammen, wie beispielsweise die beiden Lampen über dem Esstisch, haben wie selbstverständlich ihren Platz gefunden. »Ich lasse die Dinge gewähren, manchmal schließe ich sie sehr ins Herz, und manchmal müssen sie wieder gehen.« Wer sammelt, findet eben immer wieder Neues – so stehen bei Berthold alleine drei volle Kartons mit Vasen aus den 50ern im Keller. Da ist es ein Glück, dass er den »Musiksalon Hirscher« in Langenargen betreibt, in dem viele seiner ausrangierten Möbel und Accessoires vortrefflich zum Einsatz kommen. ✕

EIN ORT, AN DEM GESTERN, HEUTE UND MORGEN IN ZUFRIEDENHEIT HAND IN HAND GEHEN

OBEN: Die Liegefläche der Holzliege aus Java wurde aus einem Stück gefertigt. Da die Beine inzwischen etwas morsch sind, verbringt sie ihren Lebensabend nun als Deko-Objekt. **RECHTE SEITE:** Sobald es warm genug ist, stellt Berthold die französische Gartenmöbelgarnitur auf. Von hier blickt er auf die große Obstwiese, die schon seinem Großvater gehörte.

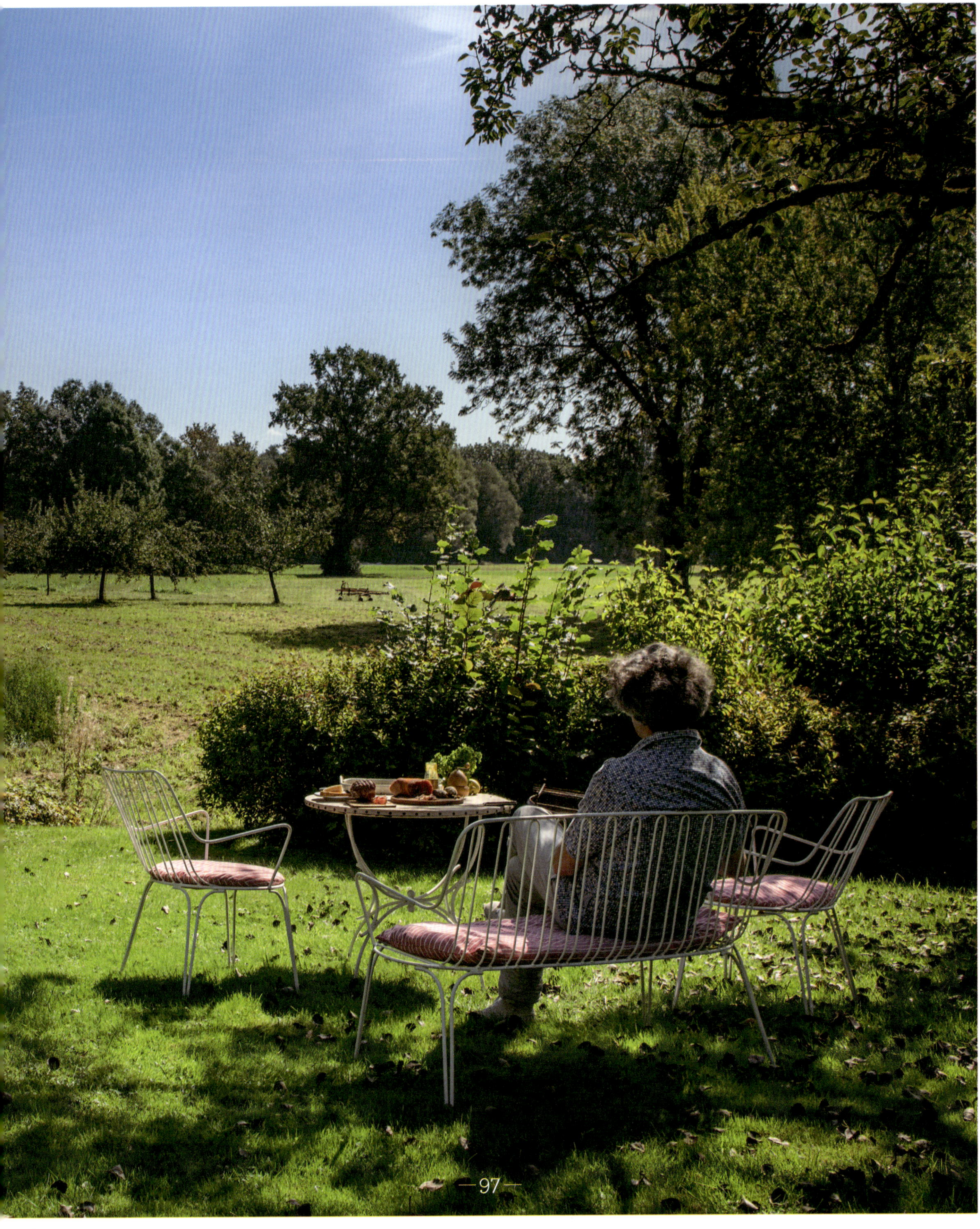

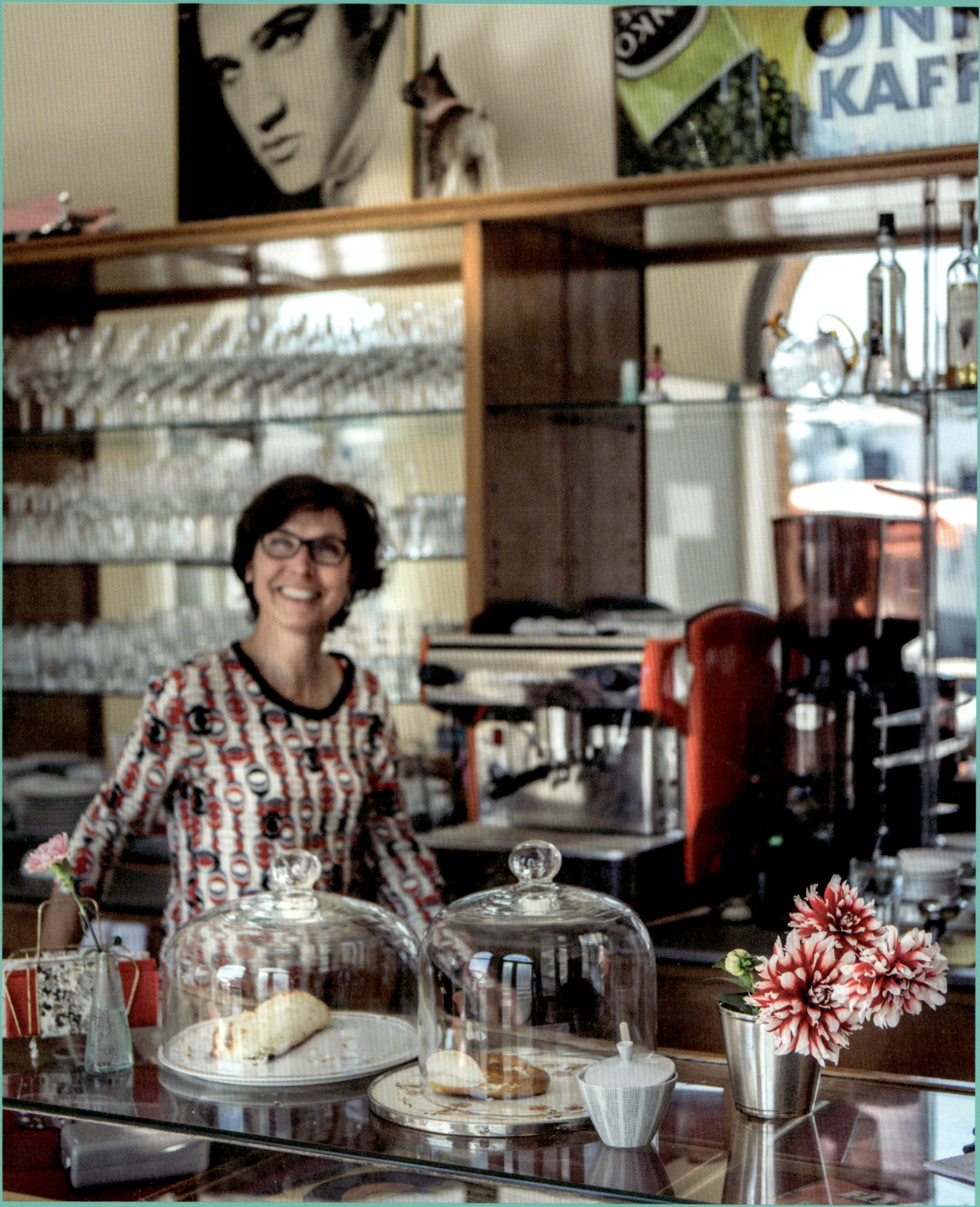
KAFF

VON BOOGIE, ROCK 'N' ROLL UND TWIST

Mit der Auflösung des Friseursalons »Hirscher« in Langenargen ging eine Ära zu Ende, was von vielen bedauert wurde, da der Salon ein beliebter Treffpunkt war. Berthold Müller bangte um die Einrichtung mit originalen Möbel aus den 1950ern. Und hatte die Idee, mit der Ausstattung einen Musiksalon zu eröffnen – im ehemaligen Bahnhofsgebäude von Langenargen. Dort standen die frühere Schalterhalle und der Warteraum zur Vermietung. »Das Highlight ist der Raum an sich«, erzählt Berthold, der für seine Idee Mitstreiter fand und einen Verein gründete. Im »Musiksalon Hirscher« geht es stilgetreu zu, da Berthold aus einem über mehrere Jahrzehnte gesammelten Fundus schöpfen kann, und zudem Mitarbeiter hat, die seine Leidenschaft für das Design der 50er-Jahre teilen. Es wurde vieles zusammengetragen – manches davon musste lange auf seinen Einsatz warten, beispielsweise die gelben Plastikstühle, die im Außenbereich stehen. Berthold hat sie vor über 20 Jahren aus einer alten Fabrik gerettet. Inzwischen wurden >>

LINKE SEITE: Der große Elvis sieht alles. Das Regal hinter dem Tresen stammt wie viele andere Möbel auch aus einem früheren Friseursalon. LINKS OBEN: Die Plastikstühle hat Berthold vor Jahren in einer alten Fabrik gefunden. RECHTS OBEN: Auf dem 1950er-Jahre Beistelltisch haben Aschenbecher aus dieser Zeit ihren Platz.

»Mit diesen Möbeln fühlt man sich nicht nur rein optisch in eine andere Zeit versetzt, sie wirken auch auf die Stimmung.«

sie liebevoll aufbereitet und fungieren nun als bequeme Sitzmöbel für die vielen Gäste, die vor dem Musiksalon das schöne Wetter genießen. Berthold erzählt, dass es in seinem Salon recht ungezwungen zugeht: »Die Menschen fühlen noch etwas von der Bahnhofsatmosphäre und kommen meistens locker miteinander ins Gespräch.« Gerne wird ein Craft Beer getrunken, für deren große Auswahl der örtliche Lieferant »KommproBier« zuständig ist. Mit dem »Musiksalon Hirscher« wurde ein Ort geschaffen, an dem die Liebe zur Musik im Mittelpunkt steht. Es gibt Kulturveranstaltungen, Events und Mottoparties, die regelmäßig stattfinden. Im »Schichtsalon« am Donnerstagabend wird die Happy Hour zelebriert, Samstagvormittag gibt es ein »Saloncafé«, und alle zwei Wochen findet der beliebte »Musiksalon« statt, an dem auch gerne mal Rock 'n' Roll und Twist getanzt werden. Die Räumlichkeiten können übrigens für private Feste gemietet werden. Manch einer möchte sich in vergangene Zeiten zurückträumen, andere wiederum den tollen Ort nutzen. Berthold freut sich, wenn Menschen ins kleine Langenargen kommen und begeistert ausrufen: »Das es so etwas Cooles hier am Bodensee gibt, großartig! So ein Café findet man normalerweise sonst nur in Berlin.« ✗

LINKS: Die Bilder sind Vergrößerungen aus einem Original Langenargener Tourismusprospekt der 50er-Jahre. **EINS:** Das fröhlich gestreifte Geschirr haben Bertholds Mitarbeiter auf einem Flohmarkt gefunden. **ZWEI:** Eine simple Vase: Die Buschnelken stehen in einer Bitterino Flasche. **DREI:** Die Rock Ola Jukebox ist das Schmuckstück des Musiksalons. Berthold hat sie vor 30 Jahren einer Kegelbahn abgekauft. Die blauen Bertoia Sessel standen früher einmal in seiner Wohnung.

»Design der Fünfzigerjahre hat eine große Anziehungskraft auf mich. Vielleicht auch, weil ich ein Kind dieser Zeit bin.«

1

2

3

EINE FRAGE DES GUTEN STILS

Jährlich findet mit der »Hafenhalle-Classic-Trophy« eine beliebte Regatta statt, an der ausschließlich klassische Segelyachten teilnehmen dürfen.

Die jährliche Zusammenkunft betagter Schönheiten. Ohne ein Bild mit vielen Segelbooten auf dem Wasser ist der Bodensee inzwischen undenkbar.

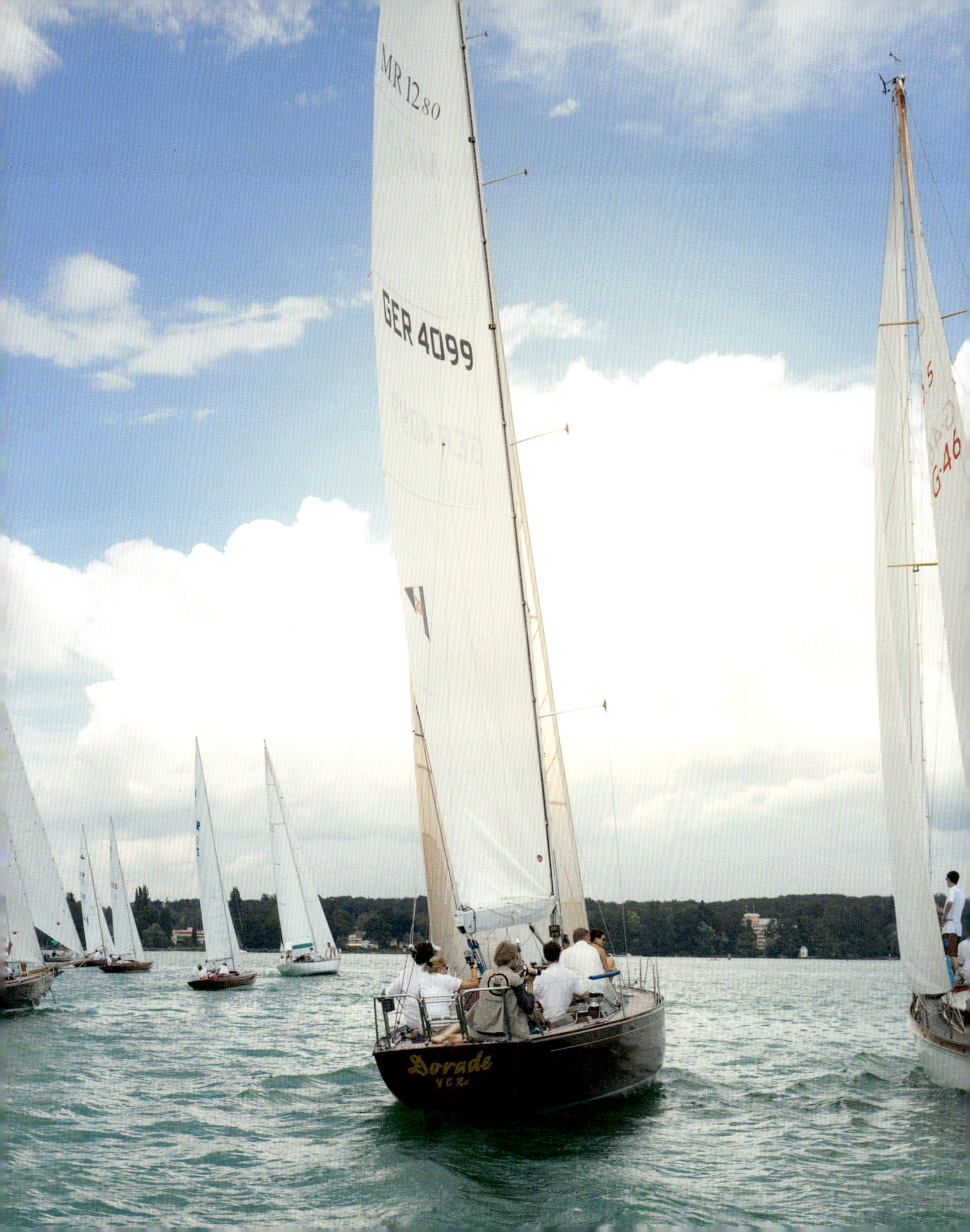
GER 4099
Dorade

Die Regatta ist ein großes Fest auf dem Wasser, mit viel Spaß, gutem Sportsgeist sowie Sinn für Ästethik – und ein Augenschmaus für alle Zuschauer.

DIESE SEITE: Je nach Windaufkommen werden zwei bis drei Durchgänge gesegelt. **RECHTE SEITE:** Der See ist ein Eldorado für Segelsportler.

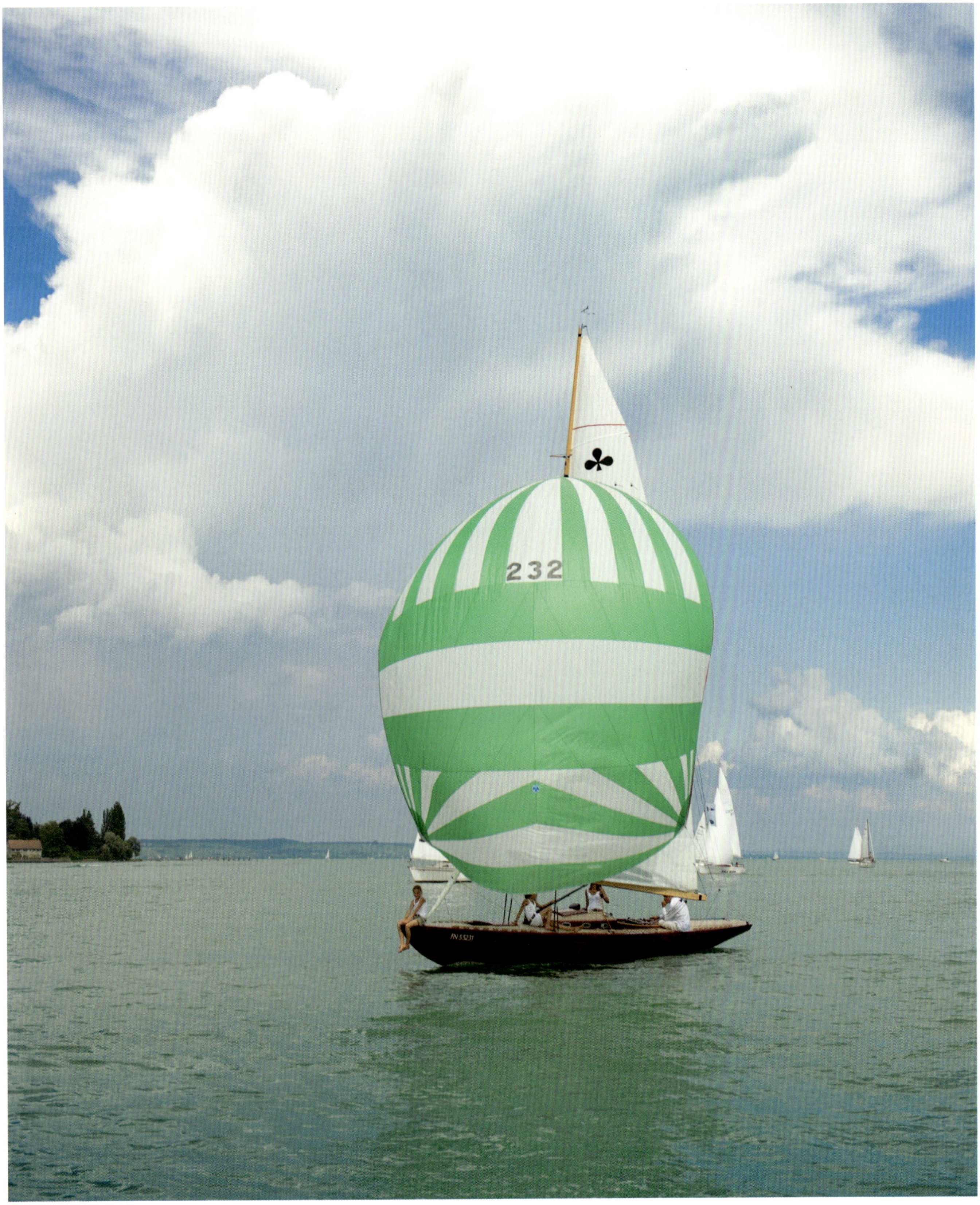
232

IMPRESSIONEN aus Konstanz

Das Leben am See bietet viele Möglichkeiten. Es ist schön, sich mal die Zeit zum Nichtstun zu nehmen und einfach nur das zu genießen, was da ist.

EIN GANZ BUNTES, FRÖHLICHES LEBENSGLÜCK

Altbau in Amriswil
· Ariane & Familie ·

Oberhalb des Sees haben Ariane und ihre Familie einem alten Haus ein neues, farbiges Wohngefühl gegeben.

LINKE SEITE: Ein beliebter Sitzplatz im Sommer ist die Bank vorm Haus, die Ariane in einem kräftigen Pink gestrichen hat. **DIESE SEITE:** Der Pavillion fungiert ab Beginn der Gartensaison als viel genutzes Außenzimmer. Im Winter liegen hier überall Felle und Kissen, es wird geheizt und an den Wochenenden isst die Familie dort gerne Fondue oder Raclette.

DAS 100 JAHRE ALTE HAUS LEBT PLÖTZLICH MIT DEN VIELEN BUNTEN FARBTÖNEN NEU AUF.

»Das Haus ist nichts für Euch, es ist doch viel zu alt.« Diesen Satz hörten Ariane und ihre Familie oft, als sie kurz vor dem Kauf des 100 Jahre alten Hauses aus ihrer Nachbarschaft in Amriswil standen. Dessen Verkaufsanzeige hatten sie per Zufall in der Zeitung entdeckt. Viele Freunde und Bekannte konnten sich nicht vorstellen, wie Arianes Vorliebe für Farbigkeit zu dem Charakter des alten Gebäudes passen sollte. »Manchmal schauen Besucher sehr irritiert, wenn sie das erste Mal bei uns sind. So viel Farbe ist einfach nicht jeder gewöhnt«, erzählt Ariane lachend. Das zuvor weiße Gebäude strahlt seit ein paar Jahren in einem kräftigen Gelb, die Inneneinrichtung greift das farbenfrohe Äußere wieder auf. Nach Übernahme des Hauses musste viel renoviert werden, bis es den Wünschen von Arianes Familie entsprach. Wände wurden eingerissen, die Böden im Erdgeschoss mit einem Parkett aus Fischgrät-Muster verlegt und der Garten wurde neu gestaltet. »Zum Glück konnten wir alles so machen, wie wir es wollten.« »

LINKS: Als Ariane den Sessel in einer Schweizer Brockenstube fand, hatte er keinen Bezug mehr und die Federn hingen heraus. Nun trägt er Stoffe von Designers Guild und sieht aus wie neu. **RECHTE SEITE:** Der Esstisch ist ein beliebter Treffpunkt der Familie. Die Kronleuchter aus Murano sind Urlaubsmitbringsel. **RECHTS OBEN:** Ariane bevorzugt Rosa auch bei der Pflanzenwahl.

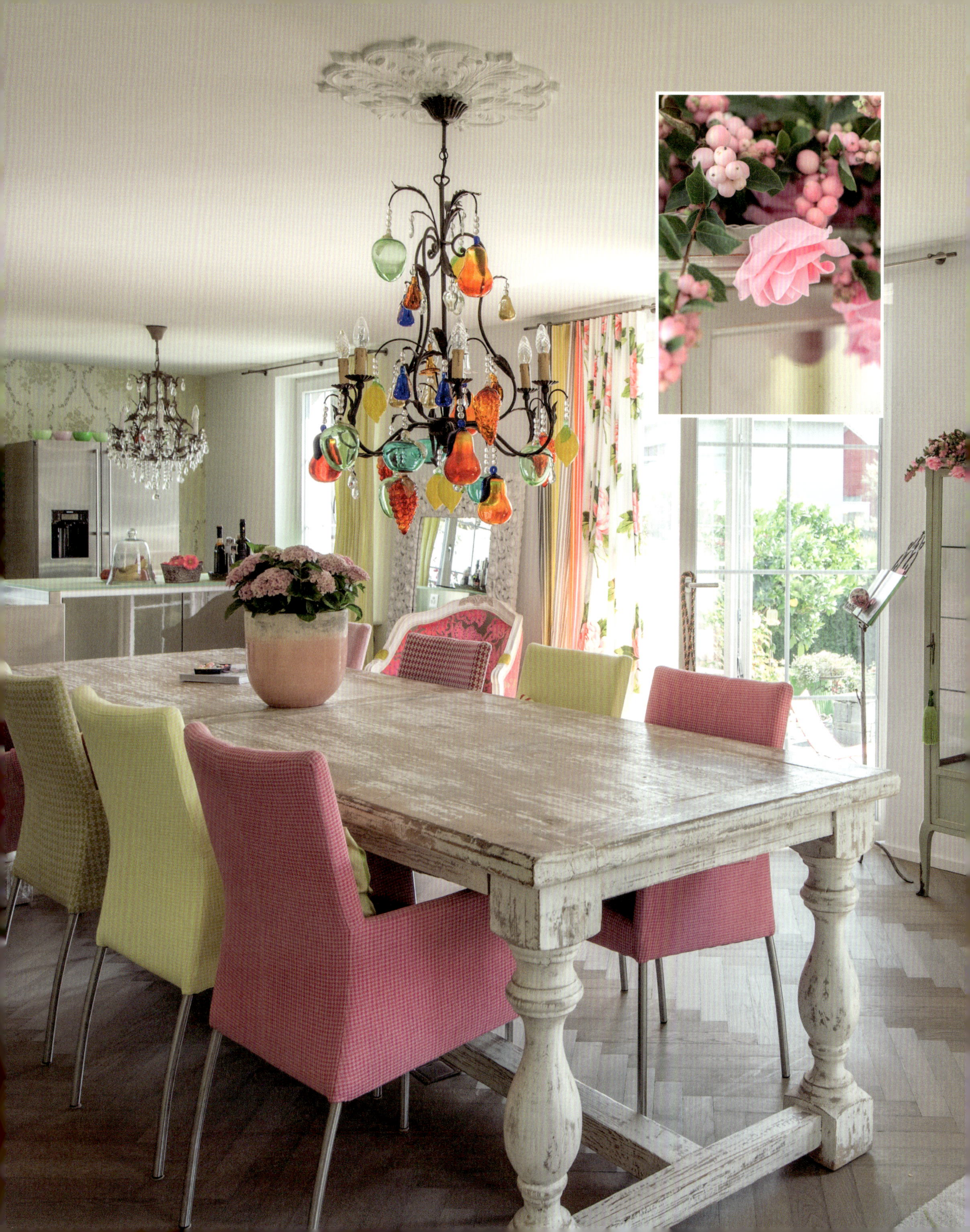

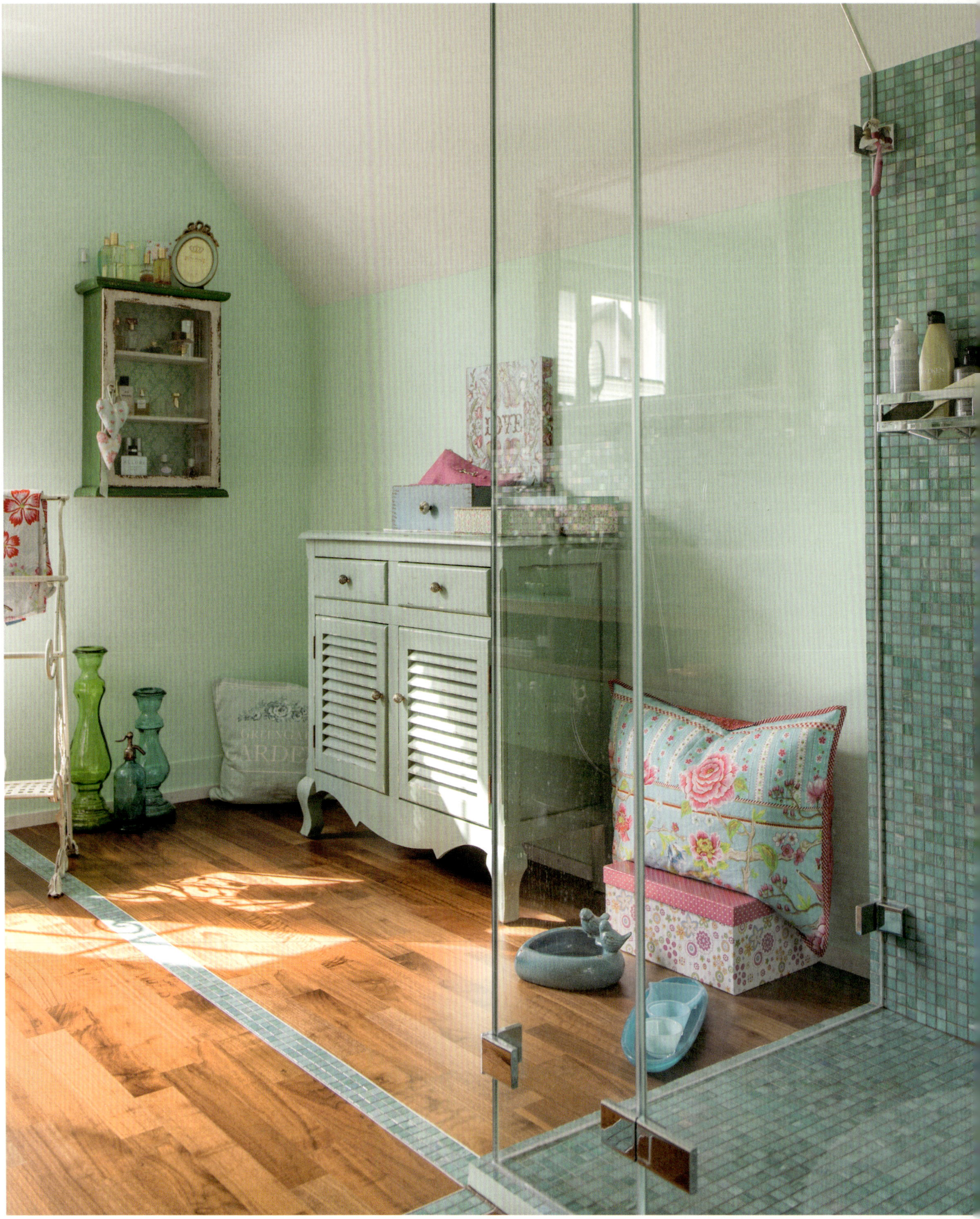

»Die ganze Familie teilt mein Faible für viel Farbe, sodass sich das Bunte wirklich über alle Räume erstreckt«, sagt Ariane. Viele Sachen im Haus sind Urlaubsmitbringsel. Der große Tisch im Esszimmer stammt von einer Reise nach Mallorca. Arianes Mann Armin kaufte ihn in einem Laden auf der Insel und ein älterer Herr aus Spanien transportierte ihn schließlich in die Schweiz. Die Familie hält in jedem Urlaub die Augen nach passenden Stücken fürs Haus offen. »Wir lieben Venedig und jedes Mal, wenn wir dort hinreisen, fährt ein Kronleuchter aus Murano mit uns nach Hause.« Dekoriert wird nach Intuition. Je nach Jahreszeit verwendet Ariane ganz unterschiedliche Stoffe. Viele stammen von Designers Guild wie die Bezüge der Esszimmerstühle und die der meisten Deko-Kissen. Im Sommer wählt Ariane meistens kräftige Töne, im Winter hingegen wird alles gedeckter gestaltet. Es gibt dann zwar immer noch viel Pink, aber in einer dunkleren Farbvariante. Blumenmuster finden sich im ganzen Haus, dabei macht auch das Badezimmer keine Ausnahme. »Das liegt wohl daran, dass der Frühling meine Lieblingsjahreszeit ist«, schwärmt Ariane, »denn neben Pink mag ich Grün am Allerliebsten. Es ist für mich das Schönste, wenn im Frühjahr alles Hellgrün sprießt und die Natur farbenfrohe Willkommensgrüße aussendet.« Die Familie veranstaltet dann immer ein großes Fest im Garten, zu dem viele Freunde und Verwandte eingeladen werden. Gemeinsam werden die neue Jahreszeit gefeiert und das eine oder andere zauberhafte Möbelstück und bunte Accessoire im Zuhause fröhlich begrüßt.

*Auch die Männer der Familie lieben das farbenfrohe Zuhause.

LINKE SEITE: Im hellen Badezimmer dominieren Aqua-Töne. Ariane hat sie mit einigen pinken Akzenten gekonnt in Szene gesetzt. Die mintfarben gestrichene Wand und die warmen Holzböden machen das Zimmer sehr behaglich. **OBEN LINKS:** Armin teilt mit seiner Frau die Begeisterung für buntes Interieur. **OBEN RECHTS:** Die zarten Pastelltöne lassen die Familie den Tag im Bad ganz beschwingt beginnen.

OBEN: Diese Badeutensilien rufen förmlich nach heißen Sommertagen. **RECHTS:** Vom Esszimmer aus führt eine Holztreppe direkt in den Garten und zum Pool, welcher neu gebaut wurde. Er schmiegt sich formschön an die Holzterrasse und wird im Sommer sehr häufig genutzt – er ist einer der liebsten Treffpunkte von Arianes Kindern und ihren Freunden.

»AM SCHÖNSTEN IST ES, WENN WIR AM ABEND NOCH EINE RUNDE IM POOL SCHWIMMEN.«

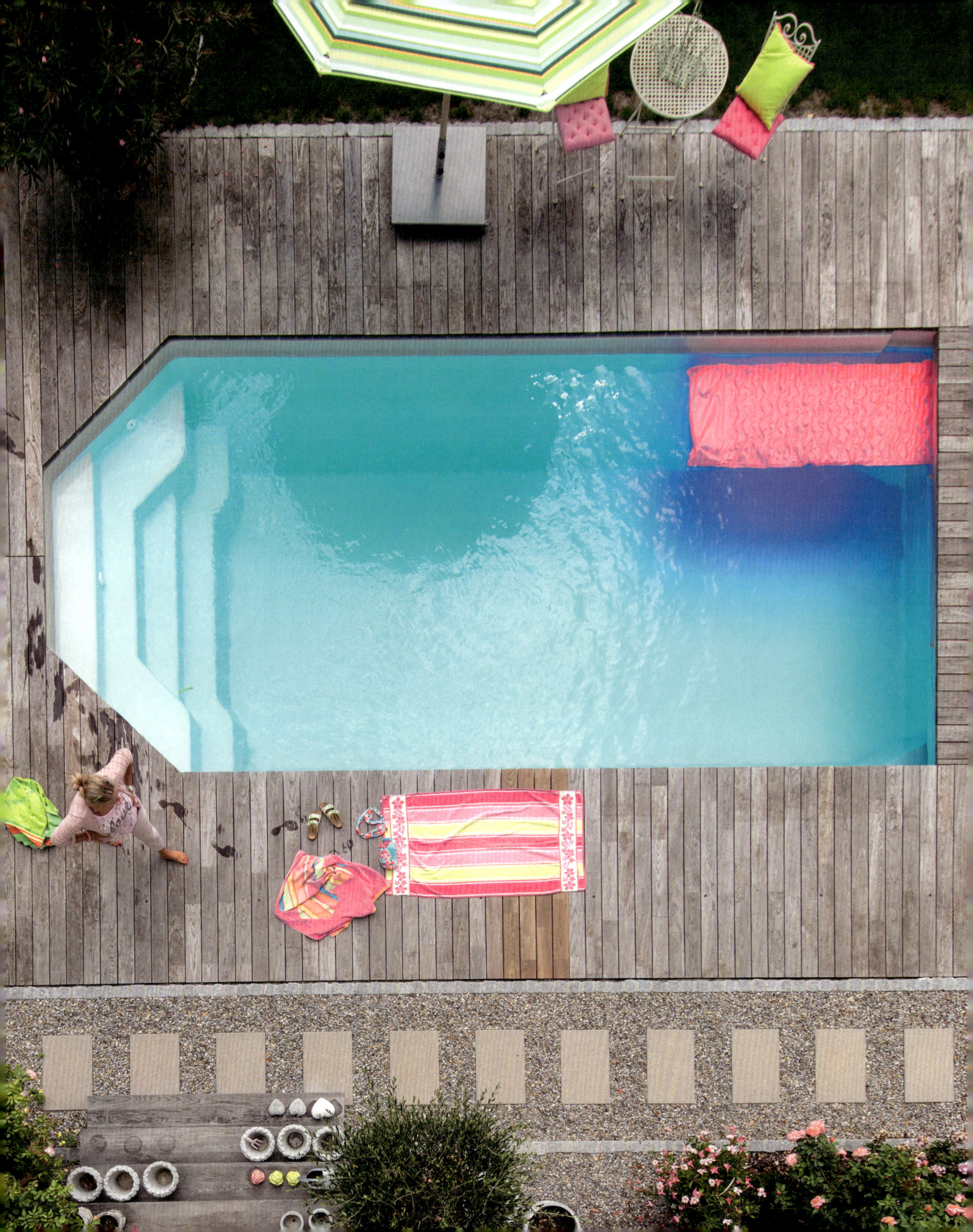

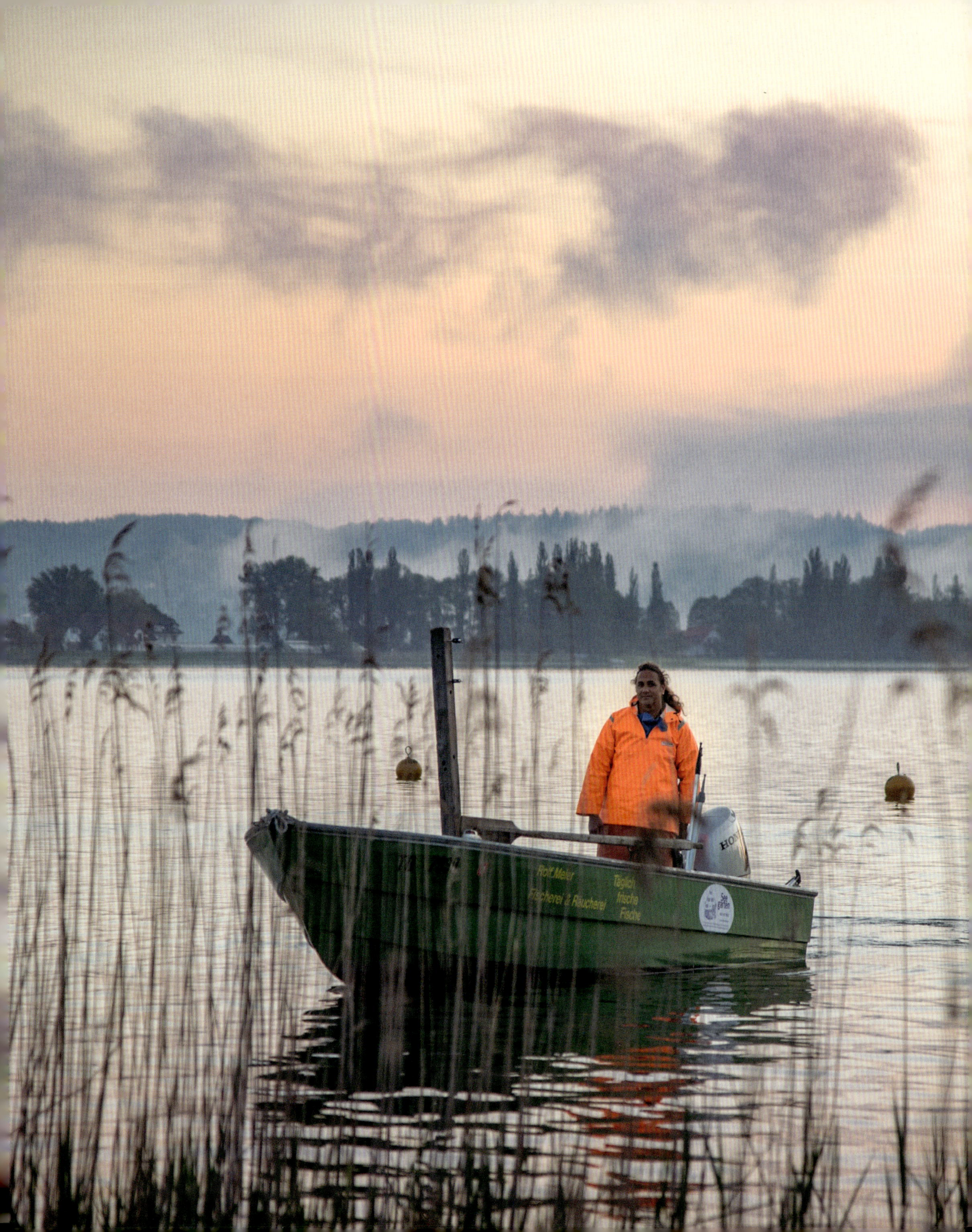
Rolf Meier
Fischerei & Räucherei
Täglich
frische
Fische

DER SEE UND SEINE GESELLEN

Im Fischerdorf Ermatingen am Untersee lebt Rolf Meier, einer der inzwischen wenigen Berufsfischer der Schweiz.

LINKS: Früh am Morgen ist der Fischer unterwegs, um seine Netze einzuholen. Manch einer wartet schon auf den fangfrischen Fisch. **EINS:** Die Blaufelchen, auch Bodenseefelchen genannt, kommen nur hier vor. **ZWEI:** Auch wenn der Fang einmal nicht so üppig ausfällt, gibt es für Rolf Meier keinen Grund für Trübsinn, denn einen schöneren Beruf als den des Fischers kann er sich beim besten Willen nicht vorstellen.

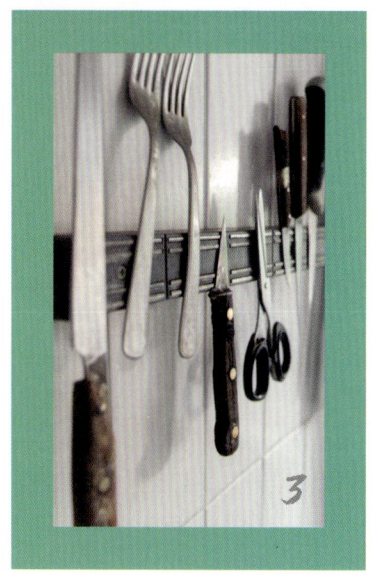

Der Untersee ähnelt einem breiten Fluss, als See gilt er jedoch wegen seiner maximal 52 Meter Tiefe. Ganz ruhig liegt er am frühen Morgen da. Die Nebelschwaden verschwinden langsam und die ersten Sonnenstrahlen bringen das Wasser zum Glitzern. Was für den einen ein Idyll ist, ist für den anderen der Hintergrund seiner beschwerlichen Arbeit. Die von den Fischern über Nacht gesetzten Netze müssen bis 10 Uhr vormittags eingeholt werden. Ansonsten kommen sich Netze, Motor- und Segelschiffe ins Gehege. Rolf Meiers Augen leuchten als hätte der See ihm etwas von seiner blauen Farbe gegeben. Seit mittlerweile 25 Jahren arbeitet er als Fischer. Aufgewachsen ist er in Mammern am Untersee. Obwohl er später viel in der Welt herumgereist ist, wurde er schließlich im Nachbarort Ermatingen sesshaft. Er genießt die Einsamkeit am frühen Morgen auf dem See, und dass kein Tag wie der andere ist. Der Untersee hat schweizer und deutsches Ufer und ebensolche Fischer. »Hier gibt es keine nationalen Hoheitsgebiete. Wer zuerst kommt, fischt zuerst«, so Rolf. Ein wirklich offenes Verhältnis herrsche innerhalb seines Berufsstandes. Rolf und seine Frau Luzia führen den »Seegarten« in Ermatingen. »Echte Küche« gibt es hier: fangfrischen Fisch neben hausgemachten Obstwähen. Und über den Fisch kann der Wirt viel erzählen …

EINS: Sogar erfahrene Fischer sind manchmal froh über eine Rettungsweste an Bord. **ZWEI:** Der Weg vom See zum Restaurant ist kurz, die Fische werden sofort verarbeitet. **DREI:** Dank der Magnetleiste muss das passende Utensil in der Küche nicht lange gesucht werden. **VIER:** Die Plätze im Hof sind begehrt. Ermatingen ist ein authentisches Fischerdorf, wodurch das Essen gleich doppelt so gut schmeckt.

Echte Leckerbissen! Um Fischspezialitäten genießen zu können, kommen die Gäste oft von weit her.

Der junge Hecht hat kaum Gräten. Dazu passt ein saisonaler Salatteller mit regionalen Produkten. Rolfs Schwägerin Myrtha ist für die Küche verantwortlich.

IMPRESSIONEN aus Überlingen

Ein Hochweg am See, versteckte Buchten, großartige Panoramen. Viele Orte zum Träumen.

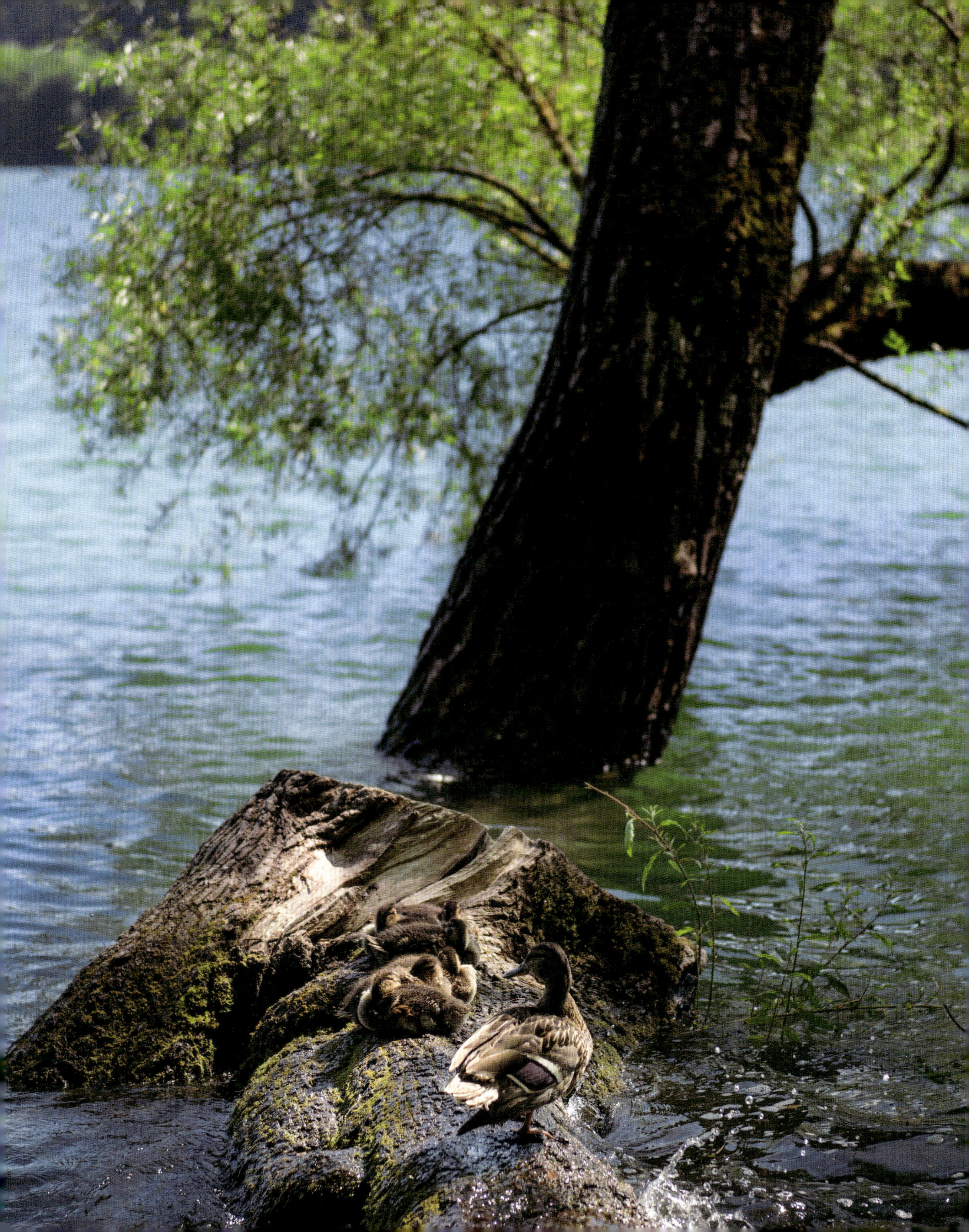

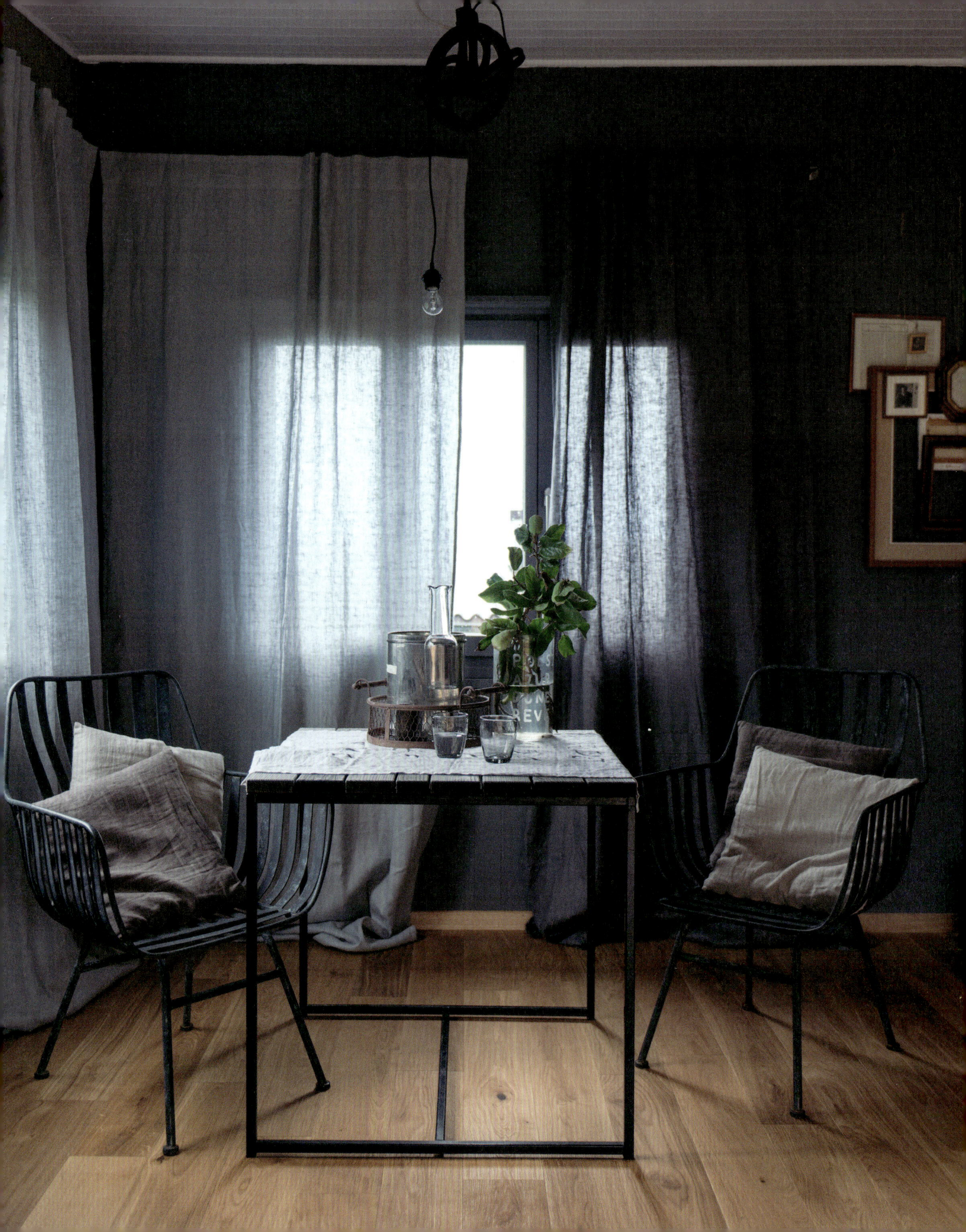

LINKE SEITE: Leinenvorhänge machen es gemütlich.
UNTEN UND RECHTS: Die verschiedenen alten Rahmen hat Rebekka zu einem Bild zusammengefügt. Gemeinsam mit Lucas hat sie den Gästebereich liebevoll renoviert.

EIN KLEINES IDYLL FÜR ZWEI

Wer den Aufenthalt im »Treichli« verlängern möchte, kann ein dazu gehörendes kleines Refugium mieten.

Direkt neben dem Restaurant »Treichli« haben Rebekka und Lucas einen schönen Rückzugsort geschaffen. Hier können nicht nur Freunde untergebracht werden, sondern auch Gäste, die dort die Möglichkeit haben, die tolle Aussichtslage in Unterwienacht sowie Lucas' ausgezeichnete Küche länger zu genießen. Das kleine Haus wurde eigenhändig renoviert und passt genau ins Konzept, denn wie im Restaurant wird auch hier der Fokus auf hochwertige Dinge gelegt. Materialien wie Holz, Leinen und Metall werden erfrischend neu miteinander kombiniert – so bildet alles eine gelunge Einheit. Rebekka findet immer wieder besondere Stücke auf Flohmärkten und in Brockenstuben, denen sie eine neue Funktion zukommen lässt. Den alten Spind wollte ein Eisenhändler zuerst nicht hergeben, die Sympathie gewann jedoch und Rebekka bekam ihn. Zu den Räumlichkeiten zählt eine Küchenzeile sowie ein Badezimmer, das mit der originellen Holzschiebetür geschlossen werden kann.

DIE MÖBEL LEBEN DURCH IHRE GESCHICHTE

EINS: Früher stand der blaue Spind bei einem Eisenhändler. Inzwischen hat er von der Werkzeug- in die Kleiderbranche gewechselt. **ZWEI:** Die Tür führt zum Badezimmer und benötigt keinen Griff mehr, denn sie lässt sich nun auf Rollen hin und her schieben. **DREI:** Glas, Holz, Metall und Leinen – diese Kombination findet sich im Interieur des »Treichli« immer wieder. **RECHTE SEITE:** Das geschwungene Holzbett fügt sich genau in die Ecken hinein. Mit der grau gestrichenen Wand erhält das Zimmer eine moderne Interpretation.

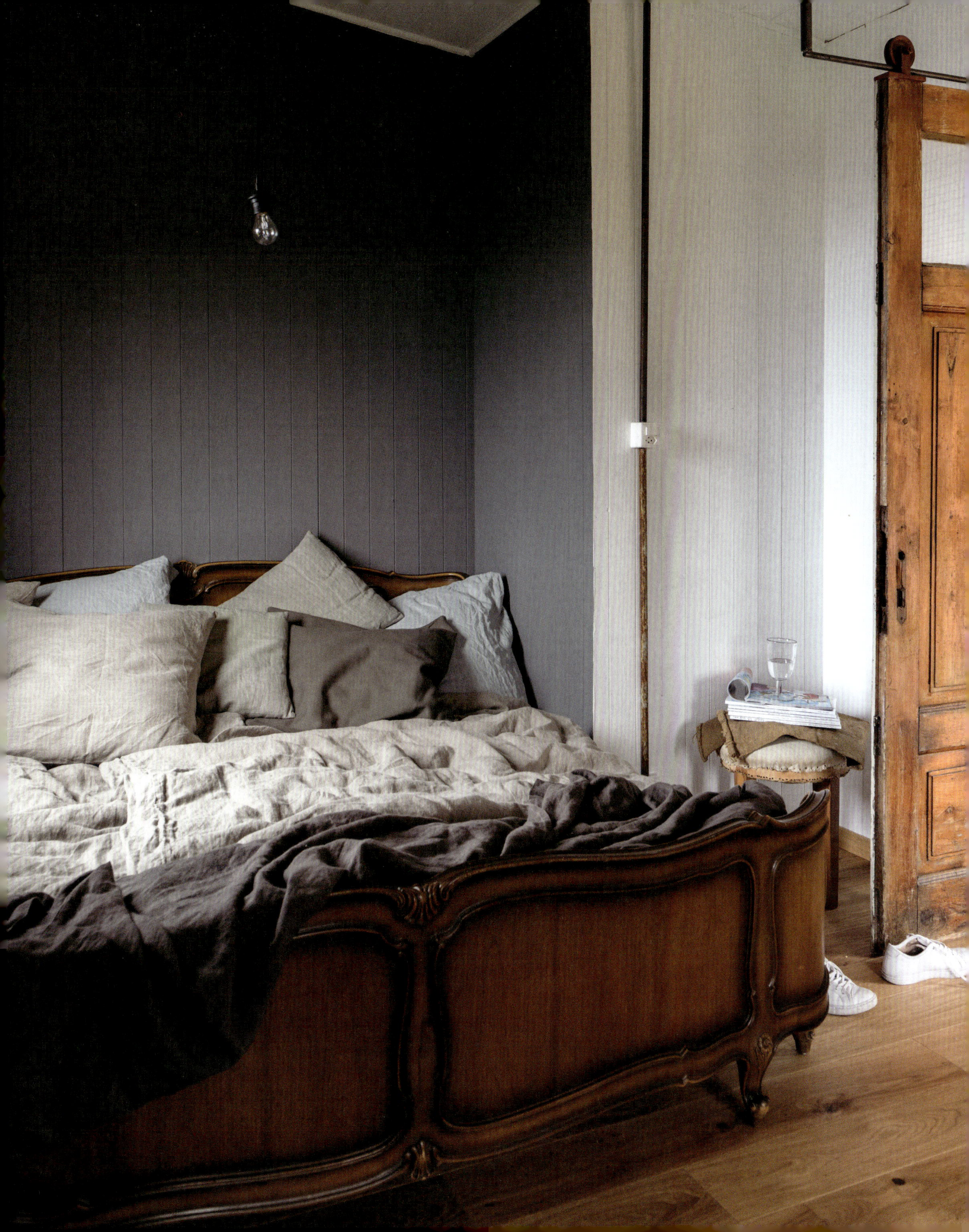

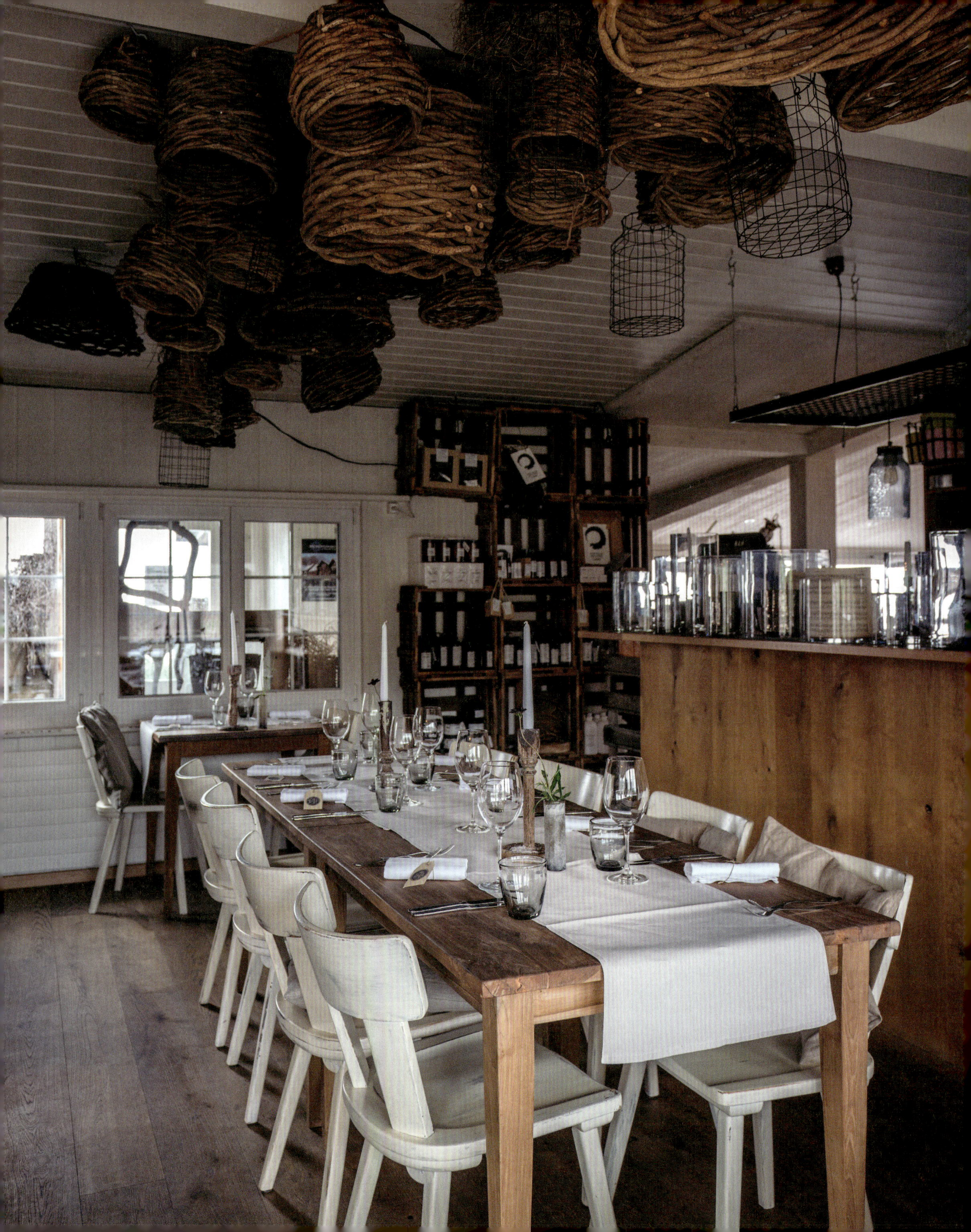

LINKE SEITE: Die Körbe an der Decke waren Rebekkas Idee. Sie überraschte ihren Mann Lucas eines Tages mit dieser originellen Installation.
RECHTS: Bevor Lucas sein eigenes Restaurant eröffnete, sammelte er viele Erfahrungen in der Gourmet-Gastronomie.

NEUE SCHWEIZER KOCHKUNST

Das Restaurant »Treichli« liegt in der kleinen Gemeinde Unterwienacht und bezaubert mit sinnlichen Erlebnissen.

LINKS: Die Verwendung von natürlichen Materialien erzeugt eine behagliche Atmosphäre. Rebekka ist als gelernte Floristin für die Blumendekoration zuständig. **EINS:** Das Bild in der gemütlichen Sitzecke wurde auf Blech gemalt. Es ist Teil einer Themenreihe über verschiedene Köpfe, an der Rebekka intensiv gearbeitet hat. **ZWEI:** Die antiken Notenblätter sehen so aus, als würden sie nur auf ihren nächsten Einsatz warten. **DREI:** Wer kann da widerstehen? Moderne Schweizer Küche mit viel Liebe zum Detail und nur den allerbesten Zutaten. **VIER:** Leinen, Holz und Silberbesteck finden sich als Kombination immer wieder im »Treichli«. Die Inhaber Rebekka und Lucas Costa betonen das Traditionelle, mit viel Mut zu neuen und eigenen Entwicklungen.

Das abwechslungsreiche Angebot hält viele phantasievolle Kreationen bereit. Das macht die Arbeit in der Küche spannend, wo überwiegend mit regionalen Produkten gearbeitet wird.

1

2

3

4

IMPRESSIONEN aus *Hagnau*

Gasthaus Seeblick

Den Blick schweifen lassen, den Gedanken nachhängen, das erzeugt ein tiefes Gefühl von Freiheit und macht uns glücklich.

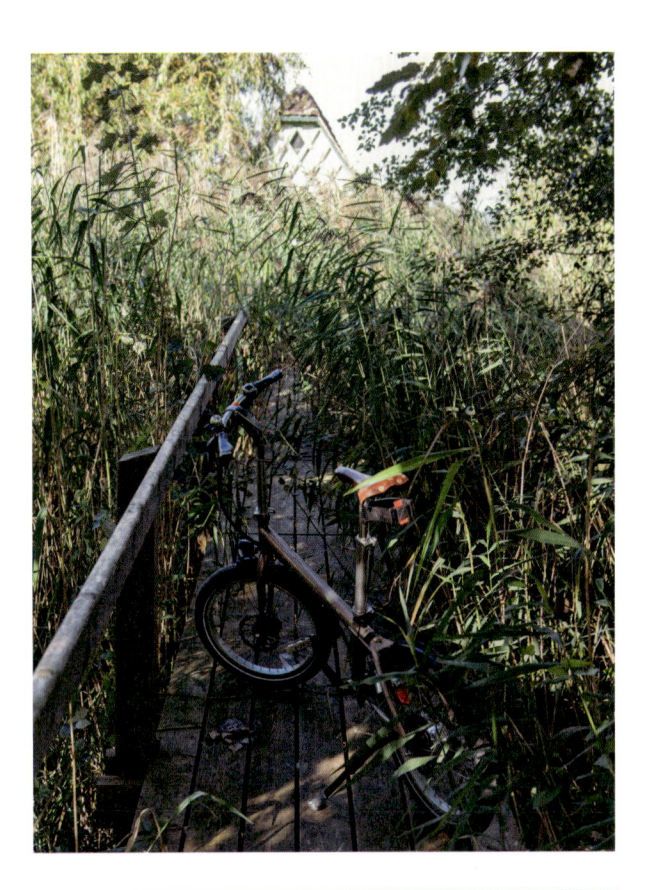

LINKE SEITE: Im großen Holzbild des Schweizers Werner Hartmann soll jeder Betrachter seine eigene Geschichte lesen können.

RECHTE SEITE: Simones Bearded Collie Kiwi hilft gerne bei der Gartenarbeit und hat seine ganz eigenen Vorstellungen davon.

Haus in Arbon
· Simone & Kiwi ·

MIT VIEL PLATZ FÜR »KIWI« UND KUNST

Zusammen mit ihrem Hund Kiwi lebt Simone in einem 60er-Jahre-Haus mit großem Garten an der Seepromenade im Schweizer Arbon.

Willkommen!

»DER EINGANGSBEREICH GIBT MIR JEDES MAL DAS GUTE GEFÜHL VON ZUHAUSESEIN.«

LINKE SEITE: Beim Hereinkommen grüßt das Stoppschild, das Simone auf ein Innehalten nach einem langen Tag hinweist. **OBEN:** Das Foto mit der alten Maschine erinnert an einen abenteuerlichen Flug in Südafrika vor einigen Jahren und weckt die Reiselust. **RECHTS:** Die Stühle in der hellen Küche standen in einer Gärtnerei, wo Simone sie im Gewächshaus entdeckte. Sie passen perfekt zum weißen Metalltisch aus einer Schweizer Brockenstube.

DIE BILDER SCHAFFEN **ÜBERGÄNGE** *UND*
VERBINDUNGEN *ZWISCHEN DEN RÄUMEN.*

Vor ein paar Jahren war Simone ihre Dachterrassenwohnung zu eng geworden. Mit damals drei Hunden sehnte sie sich nach einem Garten. Sie wohnte in einem Loft neben ihrer Geschäftspartnerin Eva Maron, als sie per Zufall ihr Haus mit großem Garten vis-à-vis des Hotels »Wunderbar« fand. Das Gebäude aus den 1960ern steht in der ersten Reihe Richtung See – bis zum Ufer sind es keine 50 Meter. Wer so viel Glück hat, überlegt nicht lange: Der Garten, die Lage, die Nähe zum Arbeitsplatz und ein Haus mit viel Potenzial waren auch für Simone ein perfekter Grund für einen Umzug. Davor mussten jedoch noch ein paar Sachen in Eigenregie renoviert werden. Simone entfernte im Eingangsbereich eine Holzverkleidung und legte die Wand dahinter frei. »Ich finde, die rohe Anmutung passt viel besser zum Stil der Treppe.« Beim Eintreten erinnert ein charmantes Stop-Schild stets daran, dass man kurz innehalten und lächeln möge. »Ich habe bei der Renovierung so viele besondere Details gefunden, wie den alten Linoleum-Boden im Eingangsbereich«, freut sich Simone. Anderes wurde komplett erneuert, immer aber mit Blick auf die Historie des Gebäudes. Simone hat mit dem neuen Zuhause den perfekten Ort für ihre große Kunstsammlung gefunden – darunter überwiegend Schweizer Künstler. In einem der Gästezimmer hängt ein Bild von Alfred Anklin, das ein blaues Schaukel- >>

LINKE SEITE: Im Wohnzimmer gibt es viel Platz zum Entspannen und Lesen. Das große Bild hinter dem Sofa stammt von Werner Hartmann. **OBEN:** Die Garderobe gleicht beinahe einem Kunstobjekt mit seinem Metallrohr und dem alten Holzbalken. Besucher zögern meistens, bevor sie ihre Sachen dort aufhängen.

Kunststücke

»DIE UNMITTELBARE NÄHE ZUM BODEN MACHT DIE BETTEN SO GEMÜTLICH.«

OBEN LINKS: Simones Bettgestell liegt auf dem Boden auf und ist von rauen Eichendielen umrandet. Die Truhe war ursprünglich ein Futtertrog für Kühe. **OBEN MITTE:** Der Holzbalken ist ein Überbleibsel aus einer abgerissenen Scheune. **RECHTE SEITE:** Ein unterhaltsames Bild von Alfred Anklin dominiert das Interieur des Gästezimmers. Gedeckte Töne sorgen für eine ruhige Atmosphäre im Raum.

schwein zeigt. »Das ist aber nicht das eigentliche Hauptmotiv! Dieses befindet sich nämlich auf der Vorderseite, ein Bergmotiv. Das Schaukelschwein war wohl eher ein Versuch des Künstlers, aber ich mag es viel lieber.« Simones Zuhause bietet genügend Raum für das ein oder andere liebgewonnene Fundstück. »Ich suche nie etwas, ich laufe auf die Dinge zu und weiß dann sofort, dass es passt.« Wie bei den Küchenstühlen, die im Gewächshaus einer Gärtnerei standen oder dem Holzbalken aus einer Scheune. Gäste sind Simone stets willkommen. Am großen Esstisch in der »Stube« haben mindestens zehn Personen Platz. Das war Simone wichtig und sie ist froh, dass der Raum weitläufig genug für eine so stattliche Runde ist. Hund Kiwi teilt mit seiner Besitzerin zudem die Freude über den Garten. Dort kann er ausgiebig herumtoben, gemütlich in der Sonne liegen sowie die Nachbarskatze beobachten.

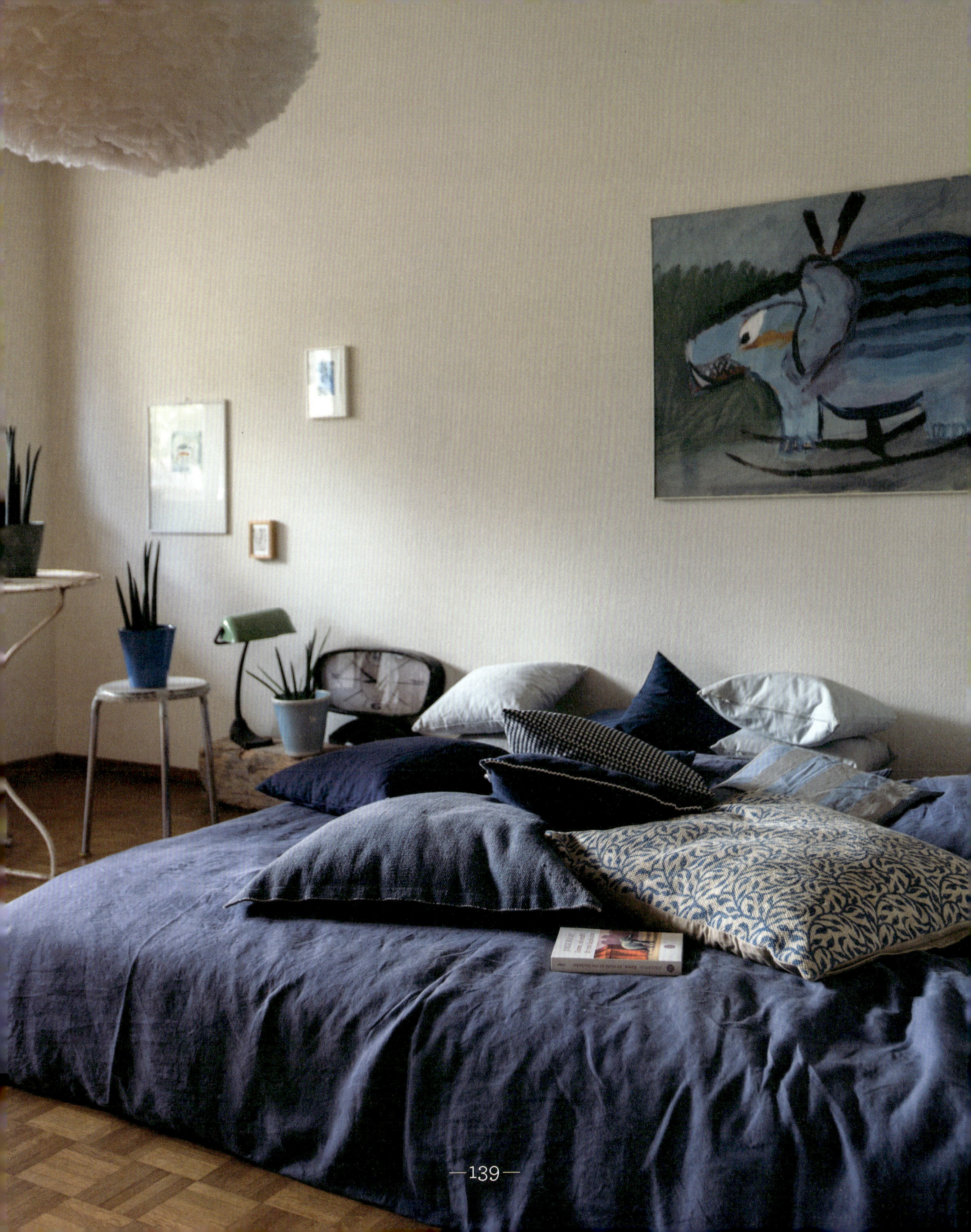

1940

LINKE SEITE: Wer würde heute nicht gerne mit einem solchen Fahrzeug seine Post geliefert bekommen! **LINKS:** Diverse Fahrzeugtypen der ehemaligen Saurer Werke werden in der Ausstellung gezeigt. **UNTEN:** Viele Anschauungsobjekte in der Textilabteilung.

MOTOREN *MIT* HISTORIE

Nutzfahrzeuge und Textilmaschinen der einst weltbekannten Firma Saurer laden ein zu einer Reise in die Vergangenheit.

Arbon kann sich glücklich schätzen, einst Produktionsstandort der Schweizer Saurer LKW und Busse gewesen zu sein. Das beschert der Stadt nicht nur ein attraktives historisches Industrieareal, sondern auch ein Museum, das einen interessanten Einblick in ein wichtiges Stück Schweizer Industriegeschichte gibt. Die Liebhaber von Oldtimern werden ohne Frage begeistert sein. Zu sehen sind Postautos, Militär- und Feuerwehrfahrzeuge sowie Benzin und Dieselmotoren aller Baugrößen. Auch Webstühle und Strickmaschinen werden gezeigt – vor Ort kann das Weben von Handtüchern an alten Maschinen beobachtet werden. Die Stickerei-Abteilung zeigt neben Musterbüchern verschiedene Exponate der Saurer Produktion. Führungen werden regelmäßig angeboten und sind nicht nur für Nostalgie- und Technikfans lohnend.

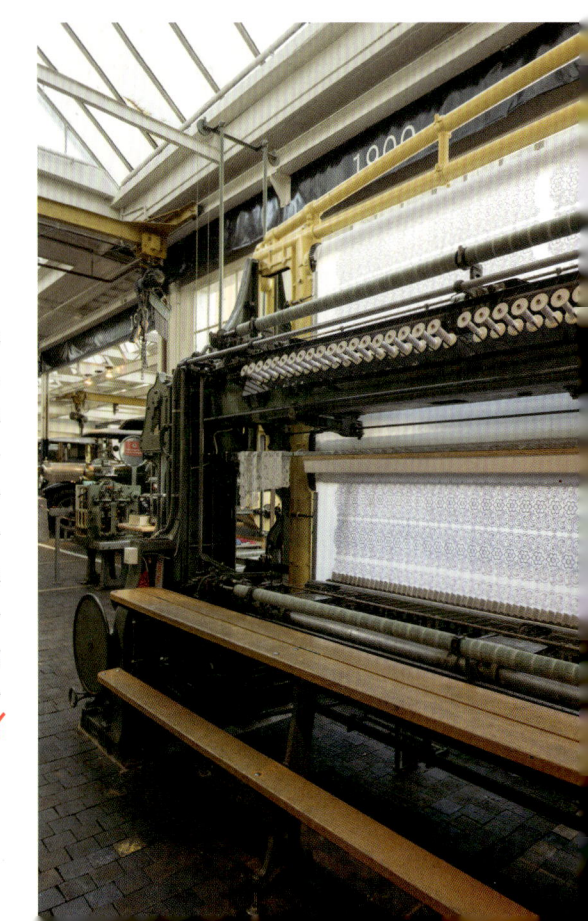

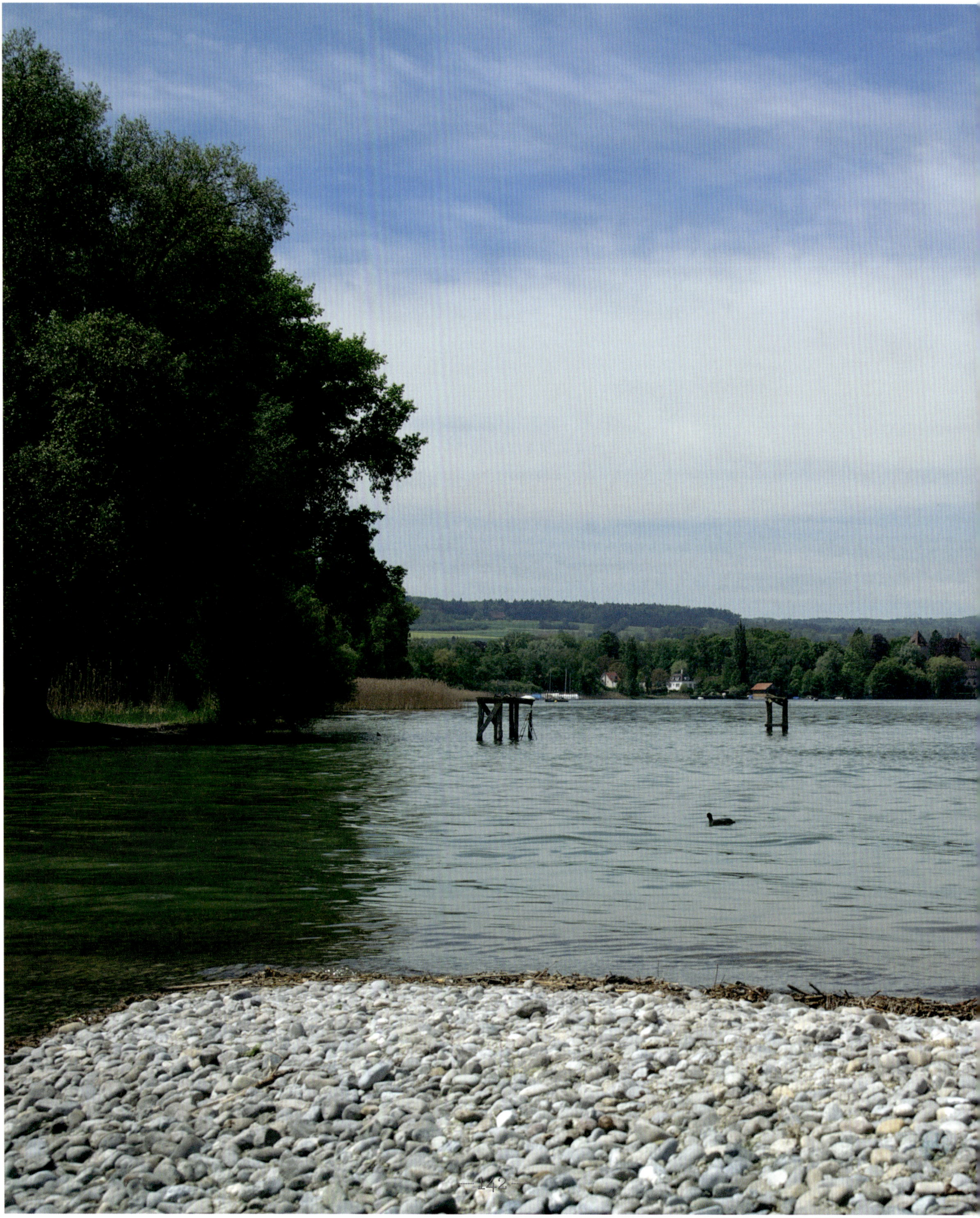

EIN HERRLICHER PICKNICKAUSFLUG *AUF DIE INSEL*

Auf der Fahrt über den Rhein Richtung Gnadensee findet sich mit der kleinen Insel ein idealer Platz für ein Picknick unter Freunden.

LINKS: Ein selbst geangelter Fisch wurde ausgenommen, gesäubert und der Eimer schnell noch mit Wasser ausgeschwenkt. **UNTEN LINKS:** Selbstgemachte Limonade mit frischer Zitrone schmeckt nicht nur köstlich, sie ist im Sommer ein perfekter Durstlöscher bei jedem Ausflug ins Grüne. **UNTEN RECHTS:** Das hängende Grillgestell wurde im Boot transportiert und ist schnell aufgebaut. Die passenden Steine für die Feuerstelle finden sich am Seeufer. **RECHTE SEITE:** Der ganze Saibling wurde vor dem Grillen außen und innen kräftig gesalzen, gepfeffert und großzügig mit Olivenöl bestrichen. Den Fisch etwa 15 Minuten grillen, dazwischen mehrfach wenden. Er ist fertig, wenn sich die Rückenflosse leicht herausziehen lässt, und kann dann beliebig garniert werden. Felchen oder Forellen eignen sich ebenfalls gut dazu. Ein ganzer Fisch schmeckt immer intensiver als einzelne Filets.

Mit dem Boot auf die Insel, ein Feuer machen und frisch gefangenen Fisch grillen. Träumen wir uns zurück in spannende Kindertage.

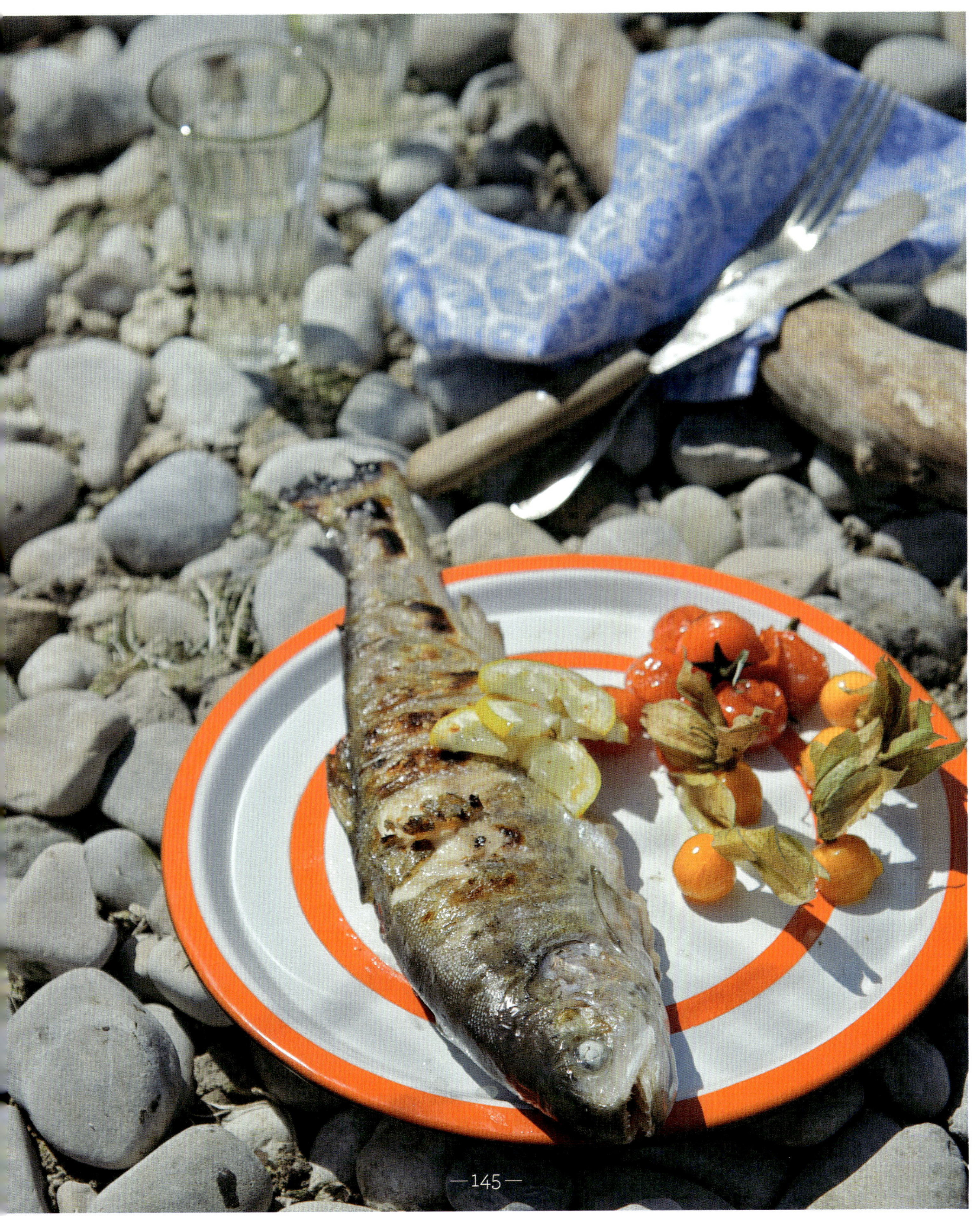

Summertime
and the living is easy

Sonne, Cocktails und die Nähe zum See. Lasst uns diese Leichtigkeit feiern, solange der Sommer zu Gast ist.

Von der »Hafenhalle« in Konstanz hat man einen tollen Blick auf den Hafen.

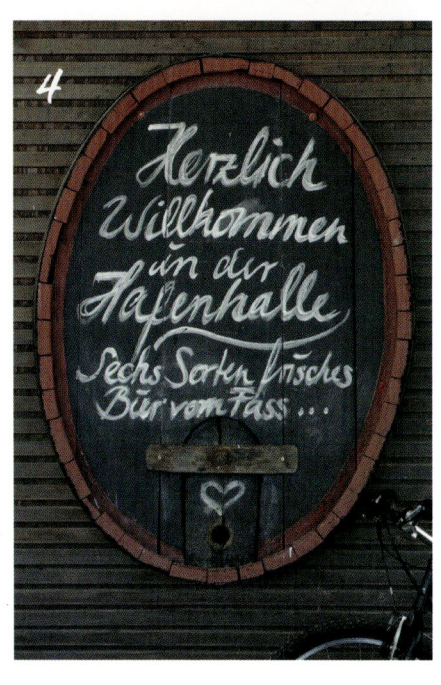

Die »Hafenhalle« in Konstanz liegt direkt am Ufer des Sees, mit Blick auf den Konstanzer Trichter. Früher diente das Areal der Bahn als Umladeplatz und Speditionen als Lagerstelle. Heute ist es einer der beliebtesten Treffpunkte, mit großem Biergarten und feiner Küche.

EINS: Im Biergarten geht es mit Weißwurstfrühstück zünftig zu. **ZWEI:** Schwäbischer Wurstsalat mit Lyoner und würziger Schwarzwurst – ein traditionelles Rezept der »Hafenhalle«. **DREI:** Die Küchenkräuter haben ihren Sonnenplatz auf einem alten Leiterwagen. **VIER:** Für manch einen entsteht schon beim Anblick des Willkommensschildes ein blauweißes Hochgefühl. **RECHTE SEITE:** Blick auf das von der »Hafenhalle« ausgerichtete alljährliche Sommernachtsfest im Innenhof eines mittelalterlichen Bürgerhauses in Konstanz – mit den perfekten Zutaten für einen rundum gelungenen Abend.

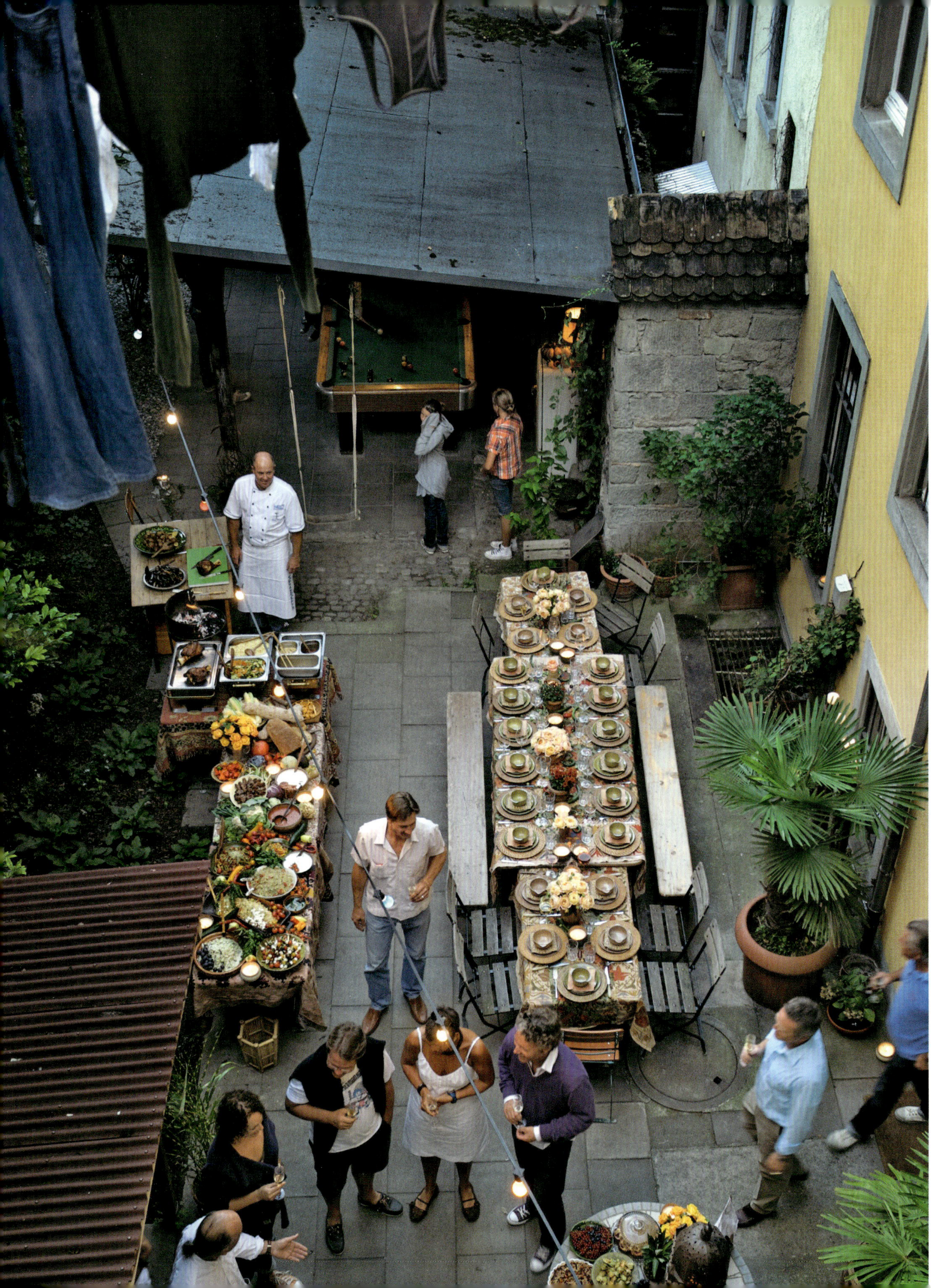

DEN SOMMER STILVOLL FEIERN

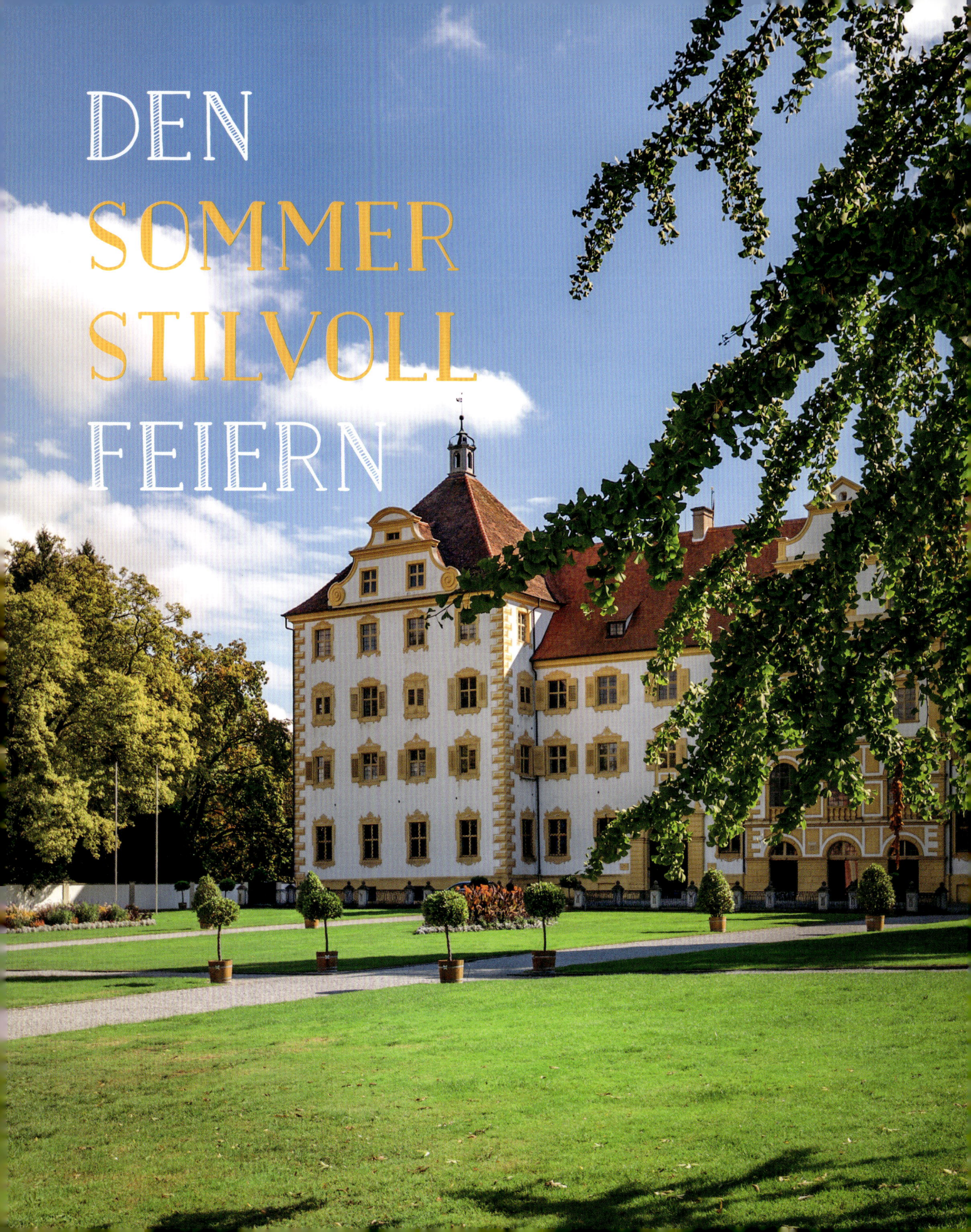

Salem Open-Air – ein Festivalhighlight

LINKE SEITE: Schloss Salem ist Sitz der weltberühmten Internatsschule in der ehemaligen Reichsabtei sowie Standort des traditionellen Weingutes Markgraf von Baden. **OBEN:** Das Feiern mit Freunden unter freiem Himmel gehört im Sommer dazu – gerne auch mit dem Original Bodensee-Secco. **LINKS:** Ein Festival mit einzigartigem Flair. Im Juli sorgen internationale Künstler im Schlosshof für eine tolle Stimmung.

IMPRESSIONEN aus *Ludwigshafen*

Die Natur braucht sich nicht anzustrengen, bedeutend zu sein. Sie ist es.
— Robert Walser —

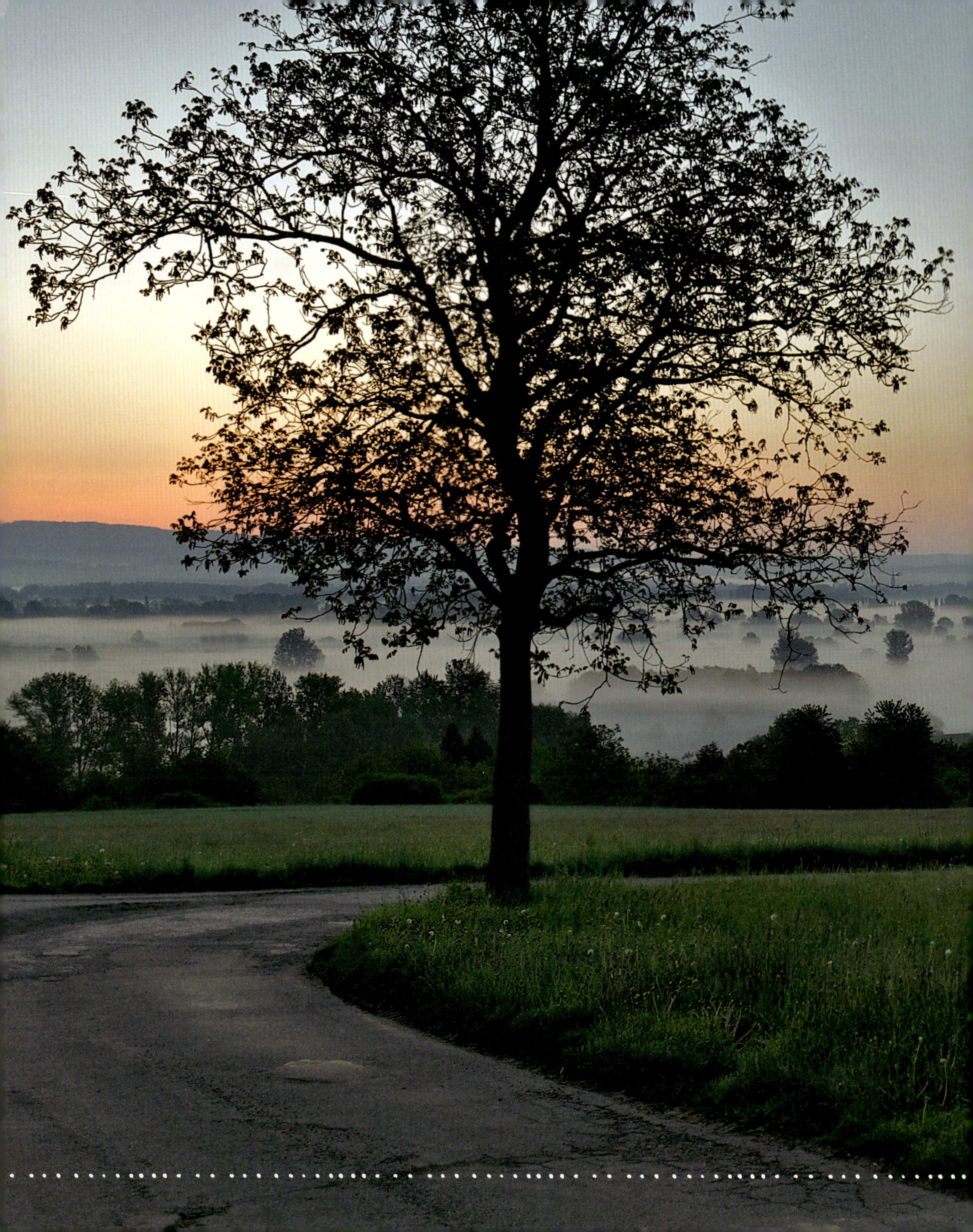

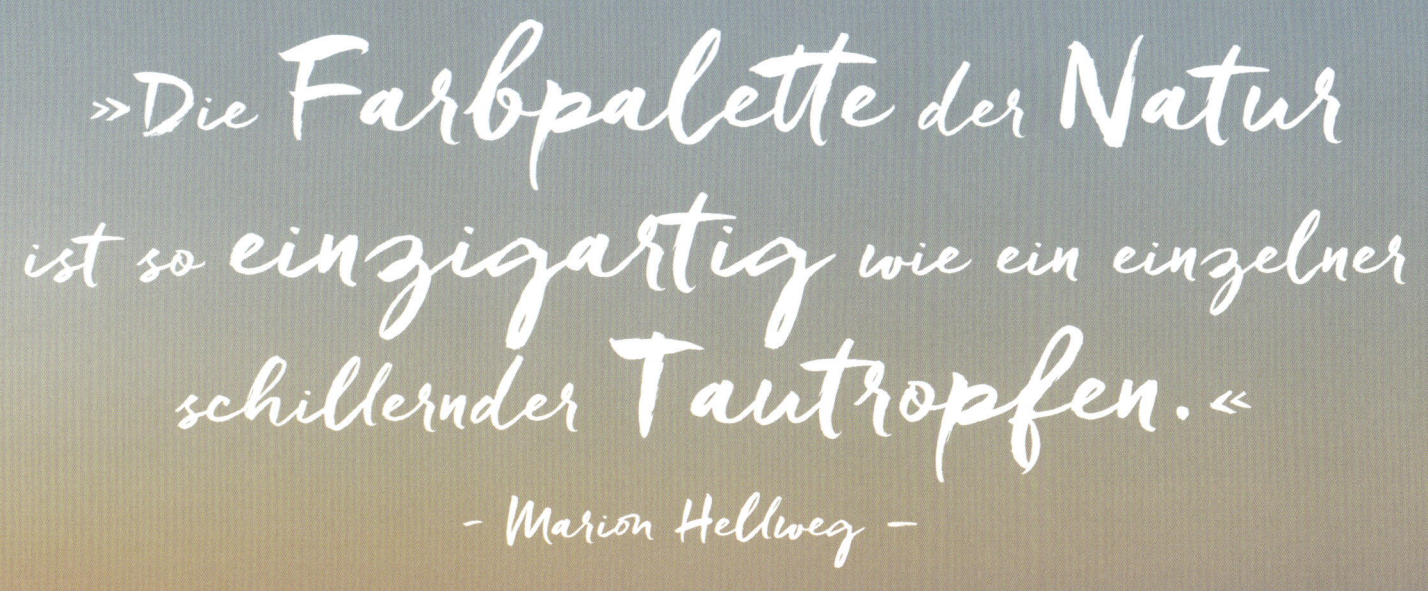

»Die Farbpalette der Natur ist so einzigartig wie ein einzelner schillernder Tautropfen.«

– Marion Hellweg –

ADRESSEN am Bodensee

ARCHITEKTUR

Architekt Bernardo Bader ZT GmbH
bernardobader.com

Philip Lutz Architektur
philiplutz.at

Innauer-Matt Architekten ZT GmbH
innauer-matt.com

Petran freie Architekten BdA
petran.de

INNENEINRICHTUNG

wohnform K.H. Schmidt GmbH & Co. KG
wohnform-konstanz.de

Welte-Joos
welte-joos.de

Schoscha Einrichtungen
schoscha.com

Die Einrichtungslounge
dieeinrichtungslounge.com

Spektrum Lifestyle
spectrum-lifestyle.de

Bent Sørensen
bent-soerensen.de

Itta & Bremer Inneneinrichtungen GmbH
itta.de

NESTER – Einrichten & Mehr GmbH
raumausstattung-nester.de

HOTELS

Hotel Wunderbar
hotel-wunderbar.ch

Villa Barleben
hotel-barleben.de

Riva
hotel-riva.de

Mein Inselglück
meininselglueck.de

Villino
villino.de

Heinzler am See
heinzleramsee.de

WEINE & MEHR

Weingut Aufricht
aufricht.de

Staatsweingut Meersburg
staatsweingut-meersburg.de

Winzerverein Hagnau
hagnauer.de

Weingut Kress
weingut-kress.de

Weingut Markgraf von Baden
markgraf-von-baden.de

weinregion-bodensee.com
bodenseewein.org

KULINARIK

Musiksalon Hirscher
facebook.com/musiksalonhirscher

Restaurant Treichli
treichli.ch

Hafenhalle Konstanz
hafenhalle.com

Station Einzigartig
station-einzigartig.ch

Restaurant Seegarten
seegarten-ermatingen.ch

Brigantinus
brigantinus.de

Hollys
hollys.de

Pano Konstanz
pano.coop

Hotel Restaurant zapa
restaurant-zapa.de

Hotel Restaurant Bürgerbräu
bb-ueb.de

Wirtschaft zum Kranz
kranz-duennele.de

INFOS ALLGEMEIN

mainau.de, bodensee.de bzw. bodensee.eu,
bodenseeschifffahrt.de

Herausgeberin & Konzept
Marion Hellweg, marionhellweg.com, München

Fotos
Winfried Heinze, winfriedheinze.de

Gestaltungskonzept & Layout
Nina Schäfer, Emons Verlag GmbH, Köln

Text
Iris Kubik, b.lateral GmbH & Co. KG, Sipplingen

Umschlaggestaltung
Nina Schäfer, Emons Verlag GmbH, Köln

Programmleitung
Rüdiger Müller, Emons Verlag GmbH, Köln

Lektorat
Ulrike Burgi, Köln

Druck und Weiterverarbeitung
Canale S.A., Rumänien

Alle Angaben dieses Werkes wurden von der Herausgeberin sorgfältig recherchiert und auf den neuesten Stand gebracht sowie vom Verlag geprüft. Für die Richtigkeit der Angaben kann jedoch keine Haftung übernommen werden.

Die Deutsche Nationalbibliothek verzeichnet diese Publikation in der Deutschen Nationalbibliografie; detaillierte bibliografische Daten sind im Internet über http://dnb.d-nb.de abrufbar.

© 2017 Emons Verlag GmbH, Köln
Alle Rechte vorbehalten

ISBN 978-3-95451-897-5

Winfried Heinze

Winfried Heinze arbeitet weltweit als Fotograf mit den Schwerpunkten Food, Lifestyle und Interior – ein Allround-Kreativer mit feinem Gespür für die schönen, aber auch ungewöhnlichen Dinge des Lebens. Winfried lebt am Bodensee, in London und in Zürich. Seine Fotos erscheinen regelmäßig in Büchern, Magazinen und anderen internationalen Publikationen.

Iris Kubik

Iris Kubik lebt mit ihrer Familie in Überlingen am Bodensee. Nach Abschluss ihres Studiums in Literatur-, Kunst- und Medienwissenschaft war sie in verschiedenen Agenturen und Verlagen tätig. Bei b.lateral ist die Büchernärrin für Text, Konzept und PR verantwortlich.

Sind Sie mit diesem Titel zufrieden? Dann würden wir uns über Ihre Weiterempfehlung freuen. Erzählen Sie es im Freundeskreis, berichten Sie ihrem Buchhändler. Und wenn Sie Kritik, Korrekturen, Aktualisierungen haben, freuen wir uns über eine Nachricht an:

Emons Verlag GmbH
Cäcilienstraße 48
D-50667 Köln
oder per E-Mail an info@emons-verlag.de

Unser Newsletter informiert Sie regelmäßig über Neues von emons:
Kostenlos bestellen unter emons-verlag.de

DANKSAGUNG

Ein herzliches Dankeschön geht an Winfried und sein großartiges b.lateral Team, sowie an all diejenigen Menschen in diesem Bildband, die uns in ihr privates und berufliches Leben hineinschauen ließen und uns zeigten, wie wunderbar, individuell und authentisch man wohnen, leben und genießen kann. Iris sage ich »Merci!« für die wunderbaren Texte. Persönlich möchte ich Thommy und meiner Familie für ihre Liebe und Unterstützung danken. Und du, liebe Florentine, warst wie immer während des gesamten Buchprojektes ein echter Sonnenschein – du mein Ein und Alles!

Darüber hinaus danke ich Rüdiger Müller für sein Vertrauen und Engagement und Nina Schäfer für ihr rundum gelungenes Layout – besser kann eine reibungslose Zusammenarbeit nicht aussehen.
Merci, Merci, Merci!

Marion Hellweg

Ebenfalls im Emons Verlag erschienen…

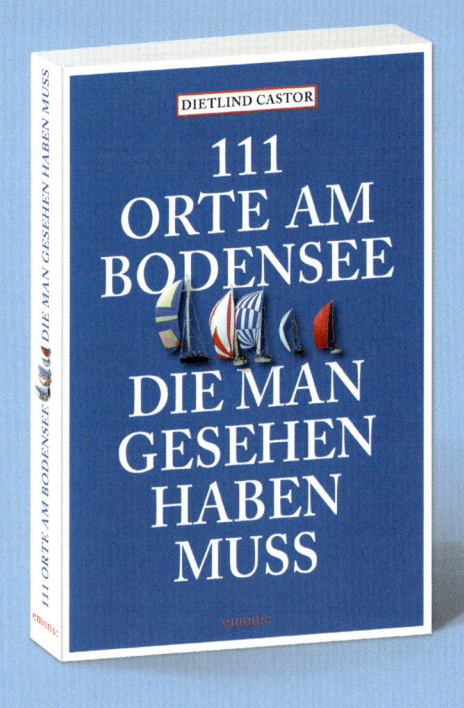

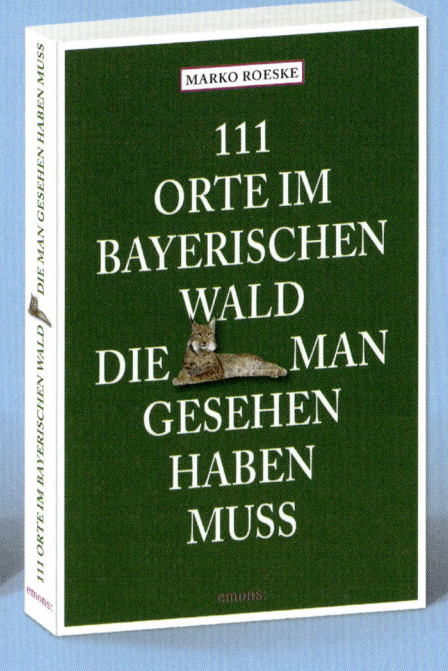

Dietlind Castor
111 Orte am Bodensee,
die man gesehen haben muss
Mit zahlreichen Abbildungen

Broschur, 13,5 x 20,5 cm, 240 Seiten
ISBN 978-3-95451-063-4

Der Bodensee verbindet Menschen aus drei Ländern, das milde Klima lässt Wein und Obst üppig gedeihen. Seinen Anwohnern und Besuchern schenkt der See ein beständiges Urlaubsgefühl – doch immer wieder auch neue Überraschungen. Oder wussten Sie, dass hier Grenzen manchmal mitten über den Küchentisch verlaufen? Wo man das schmalste Haus Europas findet? Oder den Hexenschnitzer von Ravensburg? Erleben Sie 111-mal eine der schönsten Regionen Deutschlands, Österreichs und der Schweiz, wie Sie sie noch nie gesehen haben.

Marko Roeske
111 Orte im Bayerischen Wald,
die man gesehen haben muss
Mit zahlreichen Abbildungen

Broschur, 13,5 x 20,5 cm, 240 Seiten
ISBN 978-3-95451-328-4

Schön war er schon immer – der Bayerische Wald. Doch so richtig »uncivilisirt«, wie ihn Friedrich Nietzsche einst als junger Wandersmann beschrieb, ist er heute wohl nur noch in den dunklen Urwäldern des 1970 gegründeten Nationalparks. Und doch besteht hier im äußersten Südosten Deutschlands nach wie vor eine ganz eigene Mischung aus atemberaubender Natur und modernem Leben: voll von skurrilen Geschichten und unvermuteten Einblicken in das Leben dort – tief drunten im Bayerischen Wald, versammelt in diesem kurzweiligen Buch.

Marion Rapp
111 Schätze der Natur rund um den Bodensee, die man gesehen haben muss
Mit zahlreichen Abbildungen

Broschur, 13,5 x 20,5 cm, 240 Seiten
ISBN 978-3-95451-619-3

Es gibt sie noch: turtelnde Taucher, steinerne Reisende und blühende Blickfänge in der dicht besiedelten Gegend rund um den Bodensee. Abseits der Promenaden, Ausflugsdampfer und Hafencafés lohnt ein Blick versteckten Winkel am Ufer und im Hinterland des Schwäbischen Meeres. Dieses Buch ist weder Wanderführer noch Naturschutzfachbuch, sondern eine herzliche Einladung, die quirlige Bodenseeregion und das idyllische Oberschwaben aus dem Blickwinkel der Natur zu erleben. Überraschungen sind vorprogrammiert, auch für alteingesessene Seeanwohner!